FREAKS

Déjà paru

Wisielec, *Hardcore ou la Tribulation*
Jérôme Delclos, *Vingt Leçons de philosophie par le meurtre*
Jacques Barbaut, *Alice à Zanzibar. 238 limericks suivis de leurs règles, d'une postface et d'un index*
Laurent Thinès, *La Vierge au Loup. Récit d'un psychopathe*
Jérôme Delclos, *Cendrillon en Pologne*
Laurent Robert, *Sonnets de la révolte ordinaire*
Alexis Legayet, *Bienvenue au paradis*
Marie-Hélène Moreau, *Quartier des Innocents*
Olivier Massé, *La Chienne*
Christophe Esnault, *Lettre au recours chimique*
Xavier Serrano, *The Dead Letter Society. La bibliothèque imaginaire de Roland Bartleby*
Guillaume Decourt, *À 80 km de Monterey*
Alexis Legayet, *Délivrez-nous du mâle*
Muriel de Rengervé, *Nos paradis perdus*
Frédéric Bécourt, *Attrition*
Jean-François Seignol, *Le Tango des ombres*
Tristan Felix, *Les hauts du bouc & autres nouvelles*
Marc Delouze, *La Divine Pandémie*
Watson Charles, *Seins noirs*
Emmanuel Venet, *La Sainte-Recommence*
Guillaume Decourt, *Le Bonjour de Christopher Graham*
Christophe Esnault, *Pas même le boucher*

En fleur et en os

NANCY HUSTON

En Fleur et en Os

THÉÂTRE

Æthalidès

ISBN : 978-2-491517-41-0
ISSN : 2556-014X
www.aethalides.com

À Véronique Mermoud

toujours derrière toi une ample mélodie, tissée de mille voix,
dans laquelle ton solo a sa place de temps à autre…

Rainer Maria Rilke

car définir en quoi la folie véritable consiste,
ce serait tout simplement fou.

William Shakespeare

LIEU DE L'ACTION

Chalet cossu, avec terrasse donnant sur un lac, quelque part en France. Salon avec télévision, cuisine à l'américaine. Nous sommes en l'an 2010.

Un plan surélevé de la scène, éclairé en alternance avec le plateau lui-même, figure l'univers de l'imaginaire et de la mémoire. Dieux, fantômes et psychothérapeutes s'y démènent, faisant ressurgir des épisodes du passé. Les personnages du niveau bas ayant fait une psychothérapie ont des alter ego marionnettes au niveau haut. Manipulées par les thérapeutes, celles-ci contiennent de petites enceintes accoustiques ; les comédiens leur prêteront leur voix.

PERSONNAGES

Niveau bas

Jambet – 50 ans, écrivain, vêtu de bleu.

Trudy – 70 ans, mère de Jambet, femme riche dedans et dehors, vêtue d'orange.

Claude – 80 ans, oncle de Jambet, deuxième mari de Trudy, grabataire, vêtu de vert.

Fella – 37 ans, danseuse, ancienne compagne de Jambet, vêtue de rouge.

Lakhdar – 44 ans, frère de Fella, vêtu de marron ou de gris.

Lina – 18 ans, fille de Jambet et de Fella, vêtue de violet.

Niveau haut

(Tous sont vêtus de blanc, blanc cassé, écru…)

Fantôme de Halima – femme de ménage et amie de Trudy, mère de Lakhdar et de Fella, morte en mettant celle-ci au monde. Ce fantôme (que seule Trudy perçoit) surgit souvent pour commenter l'action.

Fantôme de Belkacem – père de Fella et de Lakhdar, mort à 58 ans dans un accident de voiture… Ancien harki, ami de Jambet Père, c'était le jardinier et l'homme à tout faire de la maison.

Psy 1, Psy 2… Psy 10 – dix psychothérapeutes de diverses écoles (doublons possibles).

Lakhdar bis, Trudy bis, Jambet bis, Fella bis, Lina bis – cinq marionnettes, vêtues dans les couleurs de leur personnage respectif.

Scène I

(Le plateau semble vide… puis on remarque au fond, dans un fauteuil roulant face à la baie vitrée, Claude. *Entre* Lakhdar, *bien sapé, crispé, pressé, encombré de paniers et de cartons. N. B. :* Claude *parle en français,* Belkacem *en arabe et* Lakhdar *dans un mélange des deux langues.)*

Lakhdar (*À* Claude.)

Bonjour, monsieur Tarvel…
Belle journée, monsieur Tarvel…
Vous allez bien, monsieur Tarvel…
(Il sort des paniers des éléments de repas qu'il installe sur le comptoir de façon maniaque, alignant les verres au millimètre près, posant les fourchettes à tel angle, etc.)
Rien n'a changé dans cette maison, c'est dingue
à deux ans je me cachais, là, juste sous l'évier
pendant que ma mère faisait la vaisselle.
Je collais mon oreille aux tuyaux pour écouter
le chant de l'eau. Maman chantait aussi
en travaillant. Elle était heureuse ici.
« Ha-li-ma ! » madame l'appelait. « *Oui madame Tarvel!* »
Toujours le même entrain : « *Oui madame Tarvel!* »
« Bel-ka-cem ! »… « *Oui monsieur Tarvel!* »
Les maris de madame s'appelaient tous deux,
coup sur coup, monsieur Tarvel. « *Oui monsieur Tarvel!* »

Copain-copain, les maîtres et leurs domestiques
sauf que les uns donnaient du monsieur-madame
les autres, prénom direct : « *Halima ! Bellkacem !* »
C'est à ça qu'on voit que copain-copain c'est toc.
(Claude est réveillé maintenant mais ne se retourne pas, ne lui prête aucune attention, marmonne et chantonne pour lui tout seul.)

Claude *(Chantant.)*
C'est la lut-te fina-le… C'est la lut-te fina-le…

Lakhdar
Comme vous dites, monsieur Tarvel.
La lutte finale, chaque jour qu'Allah fait.
On les aura ! Pauvre cornichon.
(Quand tout est installé il ôte sa veste, va vers un coin du salon et s'installe sur un tapis ; on se demande s'il va faire sa prière, mais non, il fait des pompes, en comptant tout bas.)

Fantôme de Belkacem
(Apparaissant au niveau supérieur.)
Restez poli, mon fils.
N'oubliez pas les règles de la bienséance.
Vous êtes chez des gens ! et pas n'importe lesquels,
les Tarvel, c'est-à-dire nos bienfaiteurs !

Lakhdar
Bienfaiteurs ! Bienfouteurs plutôt.
Se sont bien foutu de notre gueule.
Toi, père, ils t'ont exploité jusqu'à la moelle,
te donnant toute la charge du chalet de madame
et de ses vastes jardins pour une pitance piteuse…

Fantôme de Belkacem

Nous vivions bien ici, ta mère et moi.
Jamais notre existence n'eût été aussi douce
dans l'Algérie de l'époque.

Lakhdar

Ça c'est vrai : dans l'Algérie de l'époque
l'espérance de vie des harkis était minime.

Fantôme de Belkacem

Il me parlait comme à un égal, le père Jambet,
Trudy a pris aussi ta mère en amitié.
Ils nous ont bien logés et bien traités.
Nous n'avions pas à nous plaindre,
Allah n'apprécie pas que l'on se plaigne.

Lakhdar

Trudy s'étant empressée, dès la mort de Jambet,
de célébrer ses noces avec son frère cadet,
le fils Jambet a peté tous ses plombs…
Il a amené le nouveau couple au théâtre
voir une tragédie grecque du grand Æschyle,
L'Orestie. Revenant de la guerre de Troie
le roi Agamemnon se fait buter
par son épouse Clytemnestre, tombée
entre-temps amoureuse d'Égisthe,
le propre cousin du roi.
Fou de rage de voir son père ainsi trahi,
Oreste massacre le couple adultère…
Trudy et Claude allaient-ils comprendre
l'allusion fine et se mettre à trembler
dans leurs bottes ?

Fantôme de Belkacem

Je me souviens bien de cette soirée.
Le couple était en effet très secoué.
Mais en sortant du théâtre je leur ai rappelé :
chez nous, quand un homme meurt, sa femme
doit épouser son frère ou son cousin.
Ainsi Clytemnestre, croyant son mari mort,
a très bien fait de se rabattre sur Égisthe...
C'est normal, archinormal, presque obligé !
Pas de quoi fouetter un chat.

Lakhdar *(Comptant toujours ses pompes.)*

Que n'aurais-tu pas fait, père obséquieux,
pour rester dans les bonnes grâces de tes maîtres ?
Ensuite Jambet fils, ce suppôt de Satan,
a bousillé l'existence de ta fille,
ma petite sœur Fella, pure fleur de jasmin
que je chérissais plus que tout au monde,
salie, souillée, déshonorée
par ce beau parleur de mes deux,
et tu n'as même pas protesté.

Fantôme de Belkacem

J'ai fait de mon mieux, Lakhdar, ça, je t'assure
mais les temps changent. En France de nos jours,
les jeunes femmes même musulmanes
décident seules du cours que suit leur vie
Faut pas être plus musulman que l'imam !

Lakhdar

Et pour finir, le même Jambet te bute, toi !
Mais d'accord, ils sont sympas quand même.

Fantôme de Belkacem

Nous ne reviendrons pas là-dessus, Lakhdar.
Tu mets ma patience à l'épreuve. C'était mon jour,
Allah l'a décidé comme il décide de tout.
1992, je m'en souviens comme si c'était hier :
à nouveau mon pays sombrait dans la guerre,
j'étais allé à Paris pour un événement important :
30e anniversaire des Accords d'Évian.
Au retour, Jambet fils est venu très gentiment
me chercher à la gare, et puis…
la nuit brumeuse, le camion qui surgit…

Claude *(Chantant.)*

Et la vie sépare ceux qui s'aiment
Tout douce-ment sans faire de… sans faire de …

Lakhdar

… Un poivrot au volant,
et le tour est joué. Tout à fait ça. Ouf!
Le père écarté, il s'empresse d'engrosser la fille,
et puis, prenant peur, s'enfuit en Amérique…

Fantôme de Belkacem

Et alors! Il était invité par une faculté new-yorkaise,
C'est Allah qui l'a voulu, qu'il enseigne là-bas.

Fantôme de Halima *(Loin derrière.)*

Ah oui ? Allah par ci, Allah par là,
Il a bon dos, le grand Allah…

Fantôme de Belkacem

Pourquoi ressasser les malheurs anciens, Lakhdar ?
C'est malsain, c'est pénible, c'est surtout inutile !

Lakhdar *(Poursuivant sur sa lancée.)*

Fella perd la raison, essaie de se supprimer.
Qu'à cela ne tienne, on l'enferme en HP,
sa fille se retrouve orpheline, tout cela aussi,
d'après toi, c'est normal, archinormal ? Ah oui !

Fantôme de Belkacem

Allah n'oublie jamais, ni ne délaisse ses créatures.
Madame Tarvel, qui m'avait déjà bien aidé avec ta sœur
– c'est d'elle, n'oublie pas, que Fella tient son amour des fleurs –
a élevé la petite Lina comme sa propre fille.
Elle a eu une enfance choyée, ta nièce chérie…

Lakhdar

Une enfance française, bourgeoise, athée et libre-penseur,
voilà ce qu'elle a eue, l'enfant de ma petite sœur !

Fantôme de Belkacem

Je t'ordonne, Lakhdar, de bien te tenir ce soir.
L'idée de croiser à nouveau Jambet te crispe,
je le comprends, mais, pour l'amour d'Allah,
ne gâche pas la fête de la petite.
Elle n'y est pour rien.

(À peine essoufflé par ses pompes, Lakhdar se relève et remet sa veste. Il se tient là, immobile, tandis que le Fantôme de Belkacem se dissipe lentement… Noir.)

Scène 2 (*En haut.*)

(Dans le noir : un cri d'homme, déchaîné, atroce, interminable. Éclairage très progressif du niveau supérieur, où Lakhdar bis *est allongé par terre en train de hurler. Pancarte :* 1990.*)*

Psy 1 *(Une femme d'un certain âge.)*
Très bien… Oui, très, très bien, Lakhdar.
Allez-y, allez-y encore, si vous voulez.
*(*Lakhdar bis *pousse un deuxième cri, plus épouvantable encore que le premier.)*
Voilà, voilà… Eh bien ! dites-moi ! Ce garçonnet
avait drôlement besoin de s'exprimer.
On le comprend… car elle est morte, sa maman…
Sa petite sœur l'a tuée en naissant…
Lakhdar déteste Fella, sa sœur, n'est-ce pas ?

Lakhdar bis
Oui !

Psy 1
Il la déteste, voudrait l'éliminer !
Si petit, comment pourrait-il comprendre
qu'elle n'a pas fait exprès, la petite Fella,
d'assassiner la gentille Halima ?

Il n'a que trois ans, sa douce mère lui manque.
N'est-ce pas qu'elle lui manque épouvantablement ?

LAKHDAR BIS *(Pleurant.)*

Oui...

PSY I

Alors c'est la colère... Allez-y, Lakhdar,
n'ayez pas peur, je suis à vos côtés et vous protège...
Laissez-vous submerger par les vagues de rage,
vivez-la, videz-la ! Vous la réprimez
depuis si longtemps qu'elle vous dévore
de l'intérieur et vous rend malade...
(LAKHDAR BIS fait des mouvements désordonnés, se tord, se jette dans tous les sens en hurlant et en pleurant.)
Ah! excellent ! Je suis fière de vous, Lakhdar !
Venez là maintenant, vous mettre au tambour.
Exprimez cette colère en rythmes, donnez-lui une forme.
(Elle installe LAKHDAR BIS devant un tambour et il se déchaîne, tape dessus de toutes ses forces. Les rythmes sont chaotiques au début, mais deviennent de plus en plus réguliers, et pour finir, carrément militaires.)
Magnifique. Vous voyez bien
que vous savez vous en sortir tout seul !
Laissez les autres mener leur barque
Menez la vôtre, réalisez vos rêves
sans trop vous complexer.
Répétez après moi : *I'm OK, you're OK.*

LAKHDAR BIS

I'm OK, you're OK.

Psy 1

Pas de doute, Lakhdar, vous êtes fin prêt
à affronter l'interview tant redoutée
pour le poste de responsabilité à la banque.
C'est dans la poche. Quant à ma poche à moi,
ça vous fera trois cents francs. Tenez-moi au courant.

Scène 3 *(En bas.)*

(Trudy entre en trombe. Vêtue d'une robe orange d'une élégance non conventionnelle, elle est malgré son âge extraordinairement séduisante / séductrice…)

Trudy

Lakhdar ! Mais vous êtes là déjà, quelle bonne surprise !
Vous, quand vous dites tôt, c'est tôt !
Dix-sept heures quarante-cinq ! Eh ben !
(Regardant le comptoir.)
Tout… tout… tout est… à sa place.
Vous avez vu ce temps superbe, pour notre fête ?

Lakhdar

Les ans vous sont légers, madame Tarvel.

Trudy

Laissez-moi vous regarder… Depuis le temps, c'est drôle…
Quel homme d'affaires vous faites, ma parole !

Fantôme de Belkacem *(Apparaissant.)*

Du calme, mon fils. Je te l'ai dit. Du calme, voilà.
C'est votre hôtesse. Pour l'amour d'Allah…

Lakhdar

Monsieur Tarvel a chanté tout à l'heure.

TRUDY

Eh oui ! Il ne sait plus s'exprimer qu'ainsi…
Les paroles sans musique ont quitté sa mémoire,
chaque mois recule son répertoire d'une décennie,
là, il en est aux années 50. Brassens et Brel…
J'avoue que je redoute un peu la suite :
d'ici à la Toussaint ce sera Chevalier et Fréhel…
Mais peu importe, *(chantant) C'est mon homme…*
(allant vers CLAUDE)
N'est-ce pas mon Clau-di-cant, qu'on s'adore toujours ?

CLAUDE *(Chantant.)*

Si tu crois, fillette, fillette
qu'ça va… qu'ça va… qu'ça va… qu'ça va

TRUDY

Parfois le disque s'enraye,
(chantant) durer… si tu crois qu'ça va… qu'ça va durer…
(Elle débloque le fauteil roulant et le fait tourner. Gêné par le regard vide de CLAUDE qui ne le reconnaît pas, LAKHDAR sort sur la terrasse avec son attaché-case ; allume son ordinateur et se met à travailler…)

FANTÔME DE HALIMA *(Apparaissant.)*

Mon fils n'est pas dans son assiette ce soir…

TRUDY

Difficile de ne pas s'en apercevoir.
En cela, chère Halima, ils sont jumeaux nos fils :
peu doués pour dissimuler leurs mauvais poils.

Fantôme de Halima
Vous serez pleine de mansuétude pour lui,
je le sais, aujourd'hui comme toujours.

Trudy *(Poussant le fauteuil vers la sortie.)*
Oh ! La mansuétude n'a jamais été mon fort,
disons plutôt que même les noirceurs m'intéressent
(*À Claude.*) Viens pisser, mon chéri, c'est l'heure de pisser...

(Ils sortent, et le Fantôme de Halima se dissipe lentement.)

Scène 4 (*En haut.*)

(Trudy bis en thérapie, allongée sur le divan de Psy 2 – un homme. Pancarte : 1968.*)*

Trudy bis

Je suis donc venue parce que… je ne me sens pas bien.
Hier on a fêté les huit ans de mon fils Jambet…
Fleurs sur la table, mets délicieux, vins de choix.
Tous les éléments du bonheur étaient présents.
En posant sur la table le gâteau au chocolat,
la chère Halima m'a regardée dans les yeux
et elle a dit : « Ce sont les années d'or de votre vie,
Soyez heureuse, madame ! » Et devant les autres,
j'ai éclaté en sanglots – de bonheur, croyaient-ils,
mais non, docteur, c'était de désespoir. J'éprouve
un désespoir absolu, abyssal, jusqu'à l'os…

Psy 2

Parlez-moi de votre père.

Trudy bis

Russe. Juif. En 1915, adolescent encore,
il s'engagea dans l'armée du tsar.
Fut battu comme plâtre, déserta, s'enfuit.

Changea de nom. Échoua en France.
Démarrant dans le caniveau, Paris 3e,
il se hissa jusqu'à une position d'importance
dans l'industrie de la mode... Travail, argent,
valeurs sacrées pour lui. Argent, travail !
En 1935
il épousa une femme de bonne famille
catholique-lique-lique
qui pendant la guerre l'a protégé,
ils furent malheureux et eurent beaucoup d'enfants,
dont moi, en 40, l'année de la débâcle.

Psy 2

Vous vous voyez donc comme une débâcle ?

Trudy bis

Il nous frappait, c'était alors la mode. Les coups
faisaient partie de la bonne éducation,
celle de l'épouse par son mari,
celle des enfants par leur père.
Ma mère courbait l'échine, je l'imitais.
Impressionnant, mon père : sa grosse voix,
son uniforme et ses médailles...
son « *Je te punis parce que je t'aime* ».
Ainsi en moi, au long de ma jeunesse,
l'eau fraîche et désaltérante de l'amour
fut mêlée intimement au poison de la peur...
Lorsqu'il apprit, vieil homme, en 58,
que j'étais amoureuse d'un militaire,
cela lui fit immensément plaisir :
« *Comment ?* s'écria-t-il en rencontrant
mon fiancé para en permission

entre deux séjours en Algérie :
Vos supérieurs ne vous battent pas ?
Mais c'est inconcevable ! »

PSY 2

Et ce mariage, donc ? Avec Jambet ?

TRUDY BIS

C'est simple : j'en ai ma claque…
et voudrais prendre mes cliques…
Jambet me pousse à bout et au-delà.
Depuis qu'il n'a plus d'ennemi à abattre
sous forme, selon ses expressions délicates,
de *boche* ou de *bougnoul*, il s'en prend
à moi et à Jambet, notre fils unique.
Dès qu'il a bu (or pas de soir sans boire),
il devient querelleur, teigne, infantile,
il m'asticote, me démolit…

PSY 2

C'est votre époux, madame
vous avez juré, n'oubliez pas, de vivre avec lui
jusqu'à ce que la mort vous sépare…
Cherchons ensemble le moyen de vous entendre.

TRUDY BIS

Euh… vous ne m'écoutez pas ou quoi ?
Je souhaite me *libérer* de ce carcan,
non m'y habituer ! Je sens en moi
de telles capacités de joie, mais réfrénées…
réfrénées… réfrénées… Chaque fois,
par exemple, qu'on reçoit la visite de Claude,

le jeune frère de Jambet… je suis émue…
Ayant esquivé grâce à la fac le service militaire,
Claude est devenu porteur de valises.
Épris de révolution, prof doué et doux,
connaisseur de mille et une chansons,
c'est depuis longtemps un ami tendre…
Et là, depuis le vent de liberté
qui a soufflé sur notre pays au mois de mai…
je rêve, je vous l'avoue, de faire aussi
une certaine… révolution dans mon lit…

Psy 2

Vous n'y pensez pas ! L'adultère, l'inceste,
solutions classiques, certes, mais délétères.
Exécrables exutoires, fantasmes funestes !
Il ne tient qu'à vous de pardonner à votre père
et de rabibocher votre mariage !

Trudy bis

Enfin, monsieur, vous êtes psy ou bien curé ?
Les curés, je vous signale, reçoivent gratis !
J'en ai assez soupé dans ma jeunesse
de leur débile morale de pacotille.
Je ne casque pas pour m'entendre débiter
encore ces platitudes et ces reproches…
(Se levant.)
C'est au cul, sauf votre honneur, que vous pouvez
vous les mettre, vos conseils à la noix !
Allez, *ciao*, bye-bye ! *Auf wiedersehen !*

(Noir niveau haut.)

SCÈNE 5 (*En bas.*)

*(*JAMBET *entre dans le salon vide. Se sert un whisky. Allume la télé sans mettre le son. Parle tout seul, marmonnant et gueulant en alternance…)*

JAMBET

Partout où l'on regarde,
les gens blablatent et déblatèrent,
giclant de la jactance
qui germe et fait pousser
ceci ou bien cela, amour, colère
et tout le bataclan, tout le clataban :
engagement admirable,
dont je suis incapable.
D'un affligeant arbitraire, tous ces soldats
prêts à tuer ou à clamser sur commande
sous prétexte qu'ils sont nés quelque part.
Pourquoi né ici plutôt que là, puis porté,
transporté, trimballé de çà de là…
Mon père, lui, savait agir.
Voilà un homme.
Question de lettres.
Lui, *agir*, moi, *aigri*.
Choisir, choir,
ça revient au même,

tout revient au même,
la catastrophe.
Mon demi-siècle, père, a sonné,
l'âge auquel *toi*, tu fus congédié…

LAKHDAR *(Arrivant derrière lui.)*
Salut, ça va bien ?

JAMBET *(Se retournant.)*
Hein ?… Oh, *ça*, ça va toujours. *Moi*, peut mieux faire.
Et toi ? On dirait que ça marche bien, tes affaires !

FANTÔME DE BELKACEM *(Se penchant d'en haut.)*
La courtoisie, mon fils. De cette famille, toi comme ta sœur,
vous êtes éternellement les débiteurs.

LAKHDAR *(À son père.)*
Oui, c'est comme la dette des pays pauvres
envers les pays riches ! Irrésorbable !

PSY 1 *(Se penchant d'en haut.)*
Restez naturel, Lakhdar.
Restez centré en vous-même.
I'm OK, you're OK.

LAKHDAR
I'm OK.

JAMBET *(S'étant relevé pour lui serrer la main.)*
Tiens ! Tu manies la langue de Shakespeare maintenant ?
Il le faut sans doute, pour évoluer dans les sphères
du Grand Capital… *Am I right ?*

LAKHDAR

Sauf erreur, Jambet, ton niveau en anglais
dépasse encore de loin le mien.

JAMBET *(Sans l'écouter.)*

Te voilà donc banquier ?

LAKHDAR

Mais pas du tout.

JAMBET

Ah bon.

LAKHDAR

Ça fait dix-huit mois que je travaille pour l'Agglo.

JAMBET

L'Agglo…
C'est comme un igloo dans les régions tempérées ?

LAKHDAR

L'Agglomération. Cette municipalité
où tu séjournes actuellement en vacances.

JAMBET

Les écrivains, mon cher Lakhdar,
ne sont jamais en vacances.
Ou alors ils le sont toujours,
ce qui revient au même.
Mais cela fait quoi au juste, une… *Agglo* ?

Lakhdar

Eh bien, pour prendre un exemple parmi mille,
si tu as le droit, Jambet, de te baigner dans ce lac,
c'est parce que l'Agglo en vérifie régulièrement
les normes sécuritaires et sanitaires.

Jambet

Toujours eu horreur de l'eau !
Et ce, depuis ma toute première baignade,
amniotique celle-là, début de la fin.
Mais tu travailles dans quelle, euh,
« capacité » comme on dit, dans cette Agglo ?

Lakhdar

Personnellement, je suis chargé du pôle Subventions.

Jambet

(À part.) Un pôle ! Encore un pôle ! Jusqu'aux années 80
on ne connaissait de pôles que le Nord et le Sud
et puis, aussi subite qu'incontrôlable :
une véritable prolifération de pôles,
ça grouille maintenant sur tout le territoire.
La région Centre, me suis-je laissé dire,
est même doté d'un *pôle du cheval et de l'âne*…
Et dis-moi donc, Lakhdar,
de quel aspect de notre félicité
s'occupe ton pôle à toi ?

LAKHDAR *(À toute vitesse.)*
Je suis chargé de la recherche des financeurs
et des financements pour la collectivité.
Ce qui implique, *primo*, un savoir, *secundo*,
un savoir-faire, et *tertio*, un savoir-être.

JAMBET
Tu m'en diras tant. Un *savoir… être*.

LAKHDAR
En effet.

JAMBET
Et en quoi consiste – en bref, bien sûr, *puisque*
la brièveté est l'âme de l'esprit – le savoir-être du
chargé du pôle Subventions de l'Agglo ?

LAKHDAR
Puisqu'il s'agit de développer les relations
entre les partenaires financiers potentiels,
cela implique, même hors réalisation :
rigueur, méthode, qualité relationnelle,
capacité de travail en équipe.

JAMBET
Je suis sans voix.

(TRUDY revient alors, poussant dans son fauteuil CLAUDE, à nouveau profondément endormi. Elle l'installe devant la baie vitrée. En voyant JAMBET, elle court le serrer dans ses bras – étreinte forte, sincère, joyeuse…)

TRUDY

Mais c'est mon fils ! Mais c'est mon fils ! (*L'étreignant.*)
Comment vas-tu, mon ange ? Tu as trouvé à boire ?

JAMBET

Tu n'avais pas caché la bouteille, cette fois.
(*Se penchant sur CLAUDE.*) La forme, tonton ?
Tu te portes mieux que mon père, toujours.
Ô ! pauvre Jambet !
mort à cinquante ans, mon âge actuel,
voilà que le géant, le grand héros,
s'est mué en ami, en frère jumeau.
Il n'a pas eu le temps de devenir, comme toi,
un zombie, un de ces corps sans esprit
qui nous démontrent, bien avant la tombe,
le dérisoire de notre sérieux,
la vacuité de notre plénitude,
le *rien* de notre *tout.*
Ainsi, comme punition, tu n'auras eu
que la plus banale, celle des grabataires,
celle de Pétain, l'ennemi juré de mon père,
rien de pire. Personne ne reçoit
la punition qu'il mérite.

FANTÔME DE HALIMA (*Surgissant, murmurant.*)

Ça, fils de Trudy,
vous pouvez le dire et le penser,
le repenser et le redire.
Vous avez même plus le droit de le dire
que vous ne le pensez.

JAMBET *(Revenant vers les autres.)*
Fella arrive... ?

TRUDY
... vers dix-neuf heures, elle a dit.
Elle avait cours jusqu'à dix-huit.

JAMBET
Elle prend encore des cours de danse ?

LAKHDAR
Voyons. Elle en donne !
Elle a trente-sept ans, Jambet,
ce n'est plus la gamine que tu as...

JAMBET
Donc elle donne des cours de danse, à présent.

LAKHDAR
Grâce au Largactil, à l'Haldol et à l'Heptamyl,
elle ne s'ouvre plus les veines trois fois par an.

JAMBET
Elle va mieux alors.

LAKHDAR
On dirait que ça te déçoit.
La folie de ma sœur te fascinait, n'est-ce pas ?
Matière d'une grande richesse pour tes romans...
Jusqu'à ce qu'on t'interdise les visites...

FANTÔME DE BELKACEM ET PSY I *(Se penchant.)*
Lakhdar ! Chut !

Fantôme de Halima *(À Trudy, se penchant.)*
Ne lui en veuillez pas, Madame,
il est bouleversé de recroiser votre fils,
sa langue prend les devants de sa pensée,
comprenez-le, pardonnez-lui. *(Trudy fait oui de la tête.)*

Jambet
Et la petite ?

Trudy
Elle est là-haut. Elle ne va pas tarder…
Elle a encore deux-trois questions à poser à son miroir !
Tu as vu l'expo au Petit Palais
Les femmes et leur miroir ? c'est une merveille !
Un Titien surtout – *Suzanne et les vieillards.*
Près d'un étang, la belle Suzanne se mire, s'admire,
tournant le dos aux vieux voyeurs lubriques
qui l'espionnent… On les distingue,
cachés dans la verdure autour de l'eau,
un… deux… trois… le quatrième, c'est nous !

Lakhdar
Puis-je proposer qu'en attendant les autres
on sorte s'asseoir ensemble sur la terrasse ?
Le soleil rougeoie, déjà, au-dessus du lac…

Jambet *(En sortant.)*
La simple évocation des femmes nues, dirait-on,
te met mal à l'aise ?

Lakhdar
À chacun sa moralité, n'est-ce pas ?

Psy 1

Bravo ! Bien envoyé !

Lakhdar

Certains hommes respectent les femmes ; d'autres préfèrent les mettre en cloque puis les plaquer. Eh ! oui, c'est ainsi… *I'm OK, you're OK.*

(Tous sortent sur la terrasse.
Noir.)

Scène 6 *(En haut.)*

(Trudy bis avec Psy 3 – une femme. Pancarte : 1977.*)*

Trudy bis

Merci de me recevoir, je suis inquiète.
Voyez, je… par où commencer ? En 58
j'ai fait un mauvais mariage, cela arrive…
Tout comme mon père ma mère,
Jambet Tarvel m'a épousée pour mon argent,
les premières années il était en Algérie,
décoré en 59 pour hauts faits militaires,
je n'ai jamais voulu savoir lesquels,
il me labourait laborieusement pendant ses perms,
notre fils Jambet est né en l'an 60, et peu après
ont commencé les cuites et les coups
qui m'ont détachée de lui.

Psy 3

N'avez-vous pas su, par votre amour,
lui faire comprendre les dangers de l'alcool ?

Trudy bis

Peu à peu je me suis prise d'amitié
pour Claude, son frère cadet.

Claude m'amenait au Louvre,
il me parlait des tableaux.
En l'écoutant j'ai appris à dire
ce que *moi* je trouvais beau.
Il n'était pas en permanence occupé
par les grandes affaires politiques
comme le si important Jambet.
Non : il aimait mon jardin, appréciait mes fleurs,
m'offrait des poèmes scintillants de couleurs…
L'été 68
nous sommes devenus amants, et depuis
jamais notre amour ne s'est démenti.
Mais à partir de là j'ai eu deux existences :
femme heureuse et mère inquiète. Mon fils s'est mis
à montrer des signes de mélancolie :
ténébreux, toujours seul, introverti…
À dix ans je l'ai envoyé en pension,
loin de Paris et des querelles conjugales…
J'étais certaine que la vie collective lui ferait du bien :
sports, randonnées, repas, douches, tout en commun
mais il n'en est devenu que plus renfermé, plus renfrogné,
plus intraitable… et, d'année en année, plus solitaire.
Cette même année est décédé Jambet père :
foie et cœur se sont disputé l'honneur
d'avoir délivré à son âme le coup fatal.

FANTÔME DE HALIMA *(Surgissant, murmurant.)*
Ainsi traités, le foie et le cœur
de n'importe qui auraient lâché,

Trudy bis
Claude et moi avons enfin pu rendre officiel
le parfait amour que nous filions depuis sept ans,
et nous marier.

Psy 3
Ce n'est pas, madame,
le souci de la bienséance qui vous étouffe.

Trudy bis
En effet, madame, ce n'est pas moi qui étouffe,
c'est mon fils. Il a développé de l'asthme.
Pas étonnant : il fume comme un pompier,
dort à peine, ne s'adonne à aucun sport,
refuse de prendre ses repas au réfectoire,
sèche ses cours pour lire, tout seul dans sa chambre :
Cioran Bernhard Calderon Kundera Beckett
Schopi surtout, ce bon vieux père du nihilisme,
tous ces hommes qui prônent solitude et ascèse,
préfèrent les génies morts aux amis vivants
et ont une sainte horreur de tout ce qui se trame
(ou peut se tramer) dans un corps de femme !
Bande de moines pervers, si vous voulez mon avis.
Pas sain, à dix-sept ans, de se gaver ainsi !

Psy 3
Et quand vous l'appelez, votre fils,
comment vous parle-t-il ?

Trudy bis
Ça c'est le pire :
quand j'appelle mon Jambet adoré,

ses paroles m'entrent dans l'oreille
comme autant de poignards...
Il dit qu'il rêve de son père chaque nuit,
entend sa voix souvent, même en plein jour.
On dirait qu'il a tout oublié des raclées
qu'il a prises aux mains de ce monstre...
Voilà son père devenu héros, géant,
modèle de vertu et de courage !
À chacune de ses apparitions, semble-t-il,
le spectre m'accable, moi, du poids de sa mort,
prétend que ma perfidie l'a achevé...
C'est affreux d'être ainsi accusée...
Comment se mesurer à un fantôme ?
Que sa disparition m'ait soulagée,
je ne le nie pas. Qu'elle soit tombée à pic,
c'est évident. Mais c'est l'alcool qui l'a tué :
cirrhose du foie en bonne et due forme,
crise cardiaque en prime, je n'y suis pour rien.
Ni Claude, bien sûr : Claude
le merveilleux, Claude l'inimitable,
mon chéri mon amant incomparable...
(TRUDY BIS se perd un peu dans ses rêveries...)

FANTÔME DE HALIMA *(Surgissant, chuchotant.)*
Oh peut-être aussi quand même
un tout petit peu coupable.
J'y connais pas grand-chose bien sûr
mais il me semble qu'en général
whisky et Valium à haute dose
ça se combine mal...

Trudy bis

Hein ?…

Psy 3

Madame ?

Trudy bis *(Se ressaisissant.)*

Pire que tout : Jambet me dit parfois…
(Elle a du mal à poursuivre.) que pour rejoindre son père
il rêve de se supprimer,
qu'il y songe à chaque instant…
puis il me raccroche au nez…

Psy 3

Madame, permettez-moi un peu de b.a.-ba.
Il est traumatisant, pour un garçon,
de voir en sa mère un objet sexuel…

Trudy bis

Objet ? Qui a parlé d'objet ?
Je suis un *sujet* sexuel, moi !

Psy 3

Depuis… combien, dix ans ? – vous l'exposez
à cette vision insoutenable. Il veut mourir ?
C'est le contraire qui m'eût étonnée, madame.
Il y a toute une littérature sur ce thème crucial,
je vous dresserai volontiers une liste de livres à lire.
Madame, si vous souhaitez rendre fou Jambet,
poursuivez donc vos agissements égoïstes.
Pour le sauver, il vous faut chasser dare-dare
son oncle de votre lit… s'il n'est déjà trop tard !

TRUDY BIS *(Se levant pour partir.)*
Et vous, ma belle, il date de quand, dites-moi,
votre dernier orgasme ? Jalouse, voilà ce que vous êtes,
jalouse. Une femme qui s'aime, cela vous insupporte.
Vous êtes tous des tordus ou quoi, dans ce métier ?
J'ai besoin d'aide et vous ne faites que me sermonner.
Par amour pour mon fils, extirper tout ce que j'aime en moi ?
Pas question ! Tiens ! Va trouver un gigolo ! Prends ça !

(Elle sort.)

Scène 7

(En bas, sur la terrasse.)

Trudy
Je veux bien en entendre un bout.

Jambet
Là, maintenant ?

Trudy
Pourquoi pas ?
En attendant que ces dames daignent débarquer.
Tu l'as sur toi ?

Jambet
Lakhdar va s'ennuyer.

Trudy et lakhdar *(Ensemble.)*
Mais non, pas du tout.

Jambet *(Sortant son carnet.)*
C'est sur la littérature
son utilité, sa futilité,
à quoi sert-il d'écrire…

Lakhdar *(À part.)*
Question que je me suis souvent posée.

Fantôme de Halima *(Se penchant.)*
Voyez, Madame, qu'ils ont des choses en commun, nos fils…

Jambet
Bref… je commence n'importe où…
Attends… ici ? Vous l'aurez voulu…

Trudy
Trêve de minauderies, crache !

Jambet *(Déblatérant.)*
… les mots sont las de tourner en rond pour ne rien dire, construire des personnages, nouer des intrigues, bof, baf, c'est éreintant de toujours chercher la ressemblance, la vraisemblance, dire qu'ils viennent de tel pays, de tel milieu, et qu'ils sont homme ou femme, et puis, et alors, ou enfant, on s'en fout, et que parce qu'on leur a fait ci ils ont réagi comme ça, faut les comprendre, les pauvres, faut se mettre à leur place, alors que, alors que, il n'y a pas de place, pas de lumière couleur mouvement musique, toutes ces nuances et harmonies et dissonances que vous trouvez si émouvantes, y a pas, y a pas, snif snif, que dalle, rien qu'un cerveau qui n'arrive pas bon Dieu à se taire, qu'on a remonté bon Dieu tel un jouet mécanique et qui n'a d'autre choix que de bavasser jusqu'à ce que mort s'ensuive parce que nous voilà, flanqués dans le temps, dans le langage, dans la flaque verbale et forcés volens nolens *à nager, à brasser mots et phrases et paragraphes, à ressasser toutes ces immondices, ce grabuge, de temps à autre un personnage surnage pour*

repiquer du nez aussitôt, étouffé, noyé, de temps à autre une lueur, une idée puis plaf! gaffe! crève! Et tant de choses ont été faites, et bien faites avec ça, bien fait pour vous. S'agit-il d'épater les bourgeois ou de les faire réfléchir ou de les aider à passer le temps? Les mener en bateau, par monts et par vaux, tagada, tagada, et pourquoi monter sur nos grands chevaux s'il n'y a que des mots, des mots, des mots comme dit le prince danois…

TRUDY *(À LAKHDAR.)*
Il parle d'Hamlet.
(Perclus par l'ennui, LAKHDAR hoche poliment la tête.)

JAMBET *(Poursuivant.)*
… comment prendre l'homme au sérieux alors qu'il n'est qu'un risible assemblage de membres, de muscles, de muqueuses et de mièvreries préconçues? Pré-conception ou post-mortem : voilà où il ferait bon se trouver, plutôt que dans ce marécage de l'entre-deux, en train de patauger et de se dépatouiller tout en saluant la foule avec un grand sourire, s'évertuant à présenter les choses sous un jour favorable et… et… hein… han… On dirait que tu ne prends ton pied que pour le mettre dans le plat, fallait pas me prendre au pied de la lettre, fallait pas me prendre du tout, foutez-moi la paix, reposer en paix c'est tout ce que je vous demande, non mais! Non seulement il n'y a pas de dieux, il n'y a presque pas d'homme non plus

FANTÔME DE BELKACEM *(Apparaissant en haut.)*
Ne l'écoutez pas, mon fils.

Voix d'Allah *(Tonnant en arabe.)*

Belkacem, laisse ton fils tranquille,
tu vas l'énerver à la fin !

Jambet *(Poursuivant.)*

… rien qu'un feu de paille, un peu de faille, un tiens vaut mieux que deux tu l'auras, des mots, des mots. Cap au pire, c'est le cas de le dire…

(Il continue de lire ; sa voix est shuntée et les lumières baissent sur la terrasse…)

Scène 8 *(En haut.)*

(Jambet bis, très asthmatique, en thérapie avec Psy 4 – un homme. Panneau : 1980.*)*

Jambet bis *(Ahanant, étouffant.)*
… pas envie d'être là.

Psy 4
Je vous écoute.
Laissez-vous aller,
parlez sans vous censurer.
Associez librement.
Racontez-moi vos rêves.

Jambet bis *(S'étranglant.)*
Et puis quoi encore ?
Il n'en est pas question !

Psy 4 *(Écrivant dans son carnet.)*
Résistance…
un peu de résistance est normal, au début.

Jambet bis
C'est mon père qui était dans la Résistance
même qu'il a eu une médaille, après la guerre !

Psy 4

Ah ! On progresse !

Jambet bis

Puis il a fait l'Indochine. Instoppable
– vrai héros, grand soldat, de tout capable.
En 54, tout de suite après Diên Biên Phu
il s'est engagé dans les paras. Et vous ?
Vous y êtes allé, en Algérie ?
Vous avez risqué votre peau
pour défendre la patrie ?
Hein ? Ça m'étonnerait.

Psy 4

(À part.) Ah ! tout de suite le transfert.
(À Jambet bis.) Vous m'admirez,
cela est normal,
il faut cependant
vous rendre à l'évidence :
je ne suis pas votre père.

Jambet bis

Sans blague ?

Psy 4

Parlez-moi maintenant
de votre mère…

Jambet bis

C'est elle qui m'a dit de venir vous voir.
Je n'ai que faire de vos big micmacs freudiens,
de vos soupes winnicott-cott-ke-dott,

de vos salades kleine-junge-mädcheniennes.
Ma mère est une pute de salope de pute :
bien avant la mort de mon père
elle batifolait avec mon oncle Claude,
son frère cadet, ce salopard, cet hypocrite.
Personne n'est jamais puni comme il le mérite.

FANTÔME DE HALIMA *(Surgissant, murmurant.)*
Ça, vous pouvez le dire…

PSY 4
Vous vous êtes chargé, à ce que je vois,
de votre propre punition…
Votre colère vous étrangle.

JAMBET BIS *(Sombrant dans le cauchemar.)*
Je le sais je les ai vus je les ai vus
fatiboler je les ai vus
mon père aussi a dû les voir tifabuler
c'est ce qui l'a tué, il me l'a dit lui-même
presque toutes les nuits il me parle
me fait des reproches, me trouve nul
me traite de lavasse… de femmelette
et, pire encore… d'hommelette.
« *Hommelette au Jambet!* me dit-il.
Ham omelet! Hamelette! » Ça me torture.
Il m'ordonne d'abandonner la lecture,
de ne plus écrire la moindre petite ode
avant d'avoir raturé mon oncle Claude,
cette… faute de Français.

Psy 4
Attendez, attendez…
Que… que dites-vous ?
Vous… vous entendez des voix ?

Jambet bis
Non, la sienne, une seule voix,
toujours celle de mon père.
Et en plus, je le vois.

Psy 4 *(De plus en plus excité.)*
Dans vos rêves, vous voulez dire ?

Jambet bis
Laissez mes rêves, vous dis-je !
Ils ne vous regardent pas !
C'est mon père, le vrai,
le grand, le seul Tarvel Jambet,
je le vois comme je vous vois.

Psy 4 *(Griffonnant fébrilement sur son carnet.)*
Hallucinations tant auditives que visuelles,
cas de schizophrénie caractérisée,
soit héréditaire, soit conjoncturelle.

Jambet bis *(Se relevant, s'emportant.)*
Une étiquette ! Vous êtes content
Diagnostic : schizo !
Les Grecs aussi, alors : barjos
qui interrogeaient la Pythie
et se pliaient en silence
à ses énigmatiques exigences.

Dingo, Socrate le sage, attentif
incomparablement à son *daîmon.*
Pétées, l'âme sublime d'Avila en extase
et celle de la courageuse bergère lorraine.
Barrés les poètes, tous, d'Homère à Pound…

PSY 4 *(De plus en plus excité.)*
Attendez, du calme, monsieur
restez là, allongez-vous, je vous en prie
je vais appeler de l'aide… du calme.

JAMBET BIS *(Se libérant.)*
Bas les pattes, insecte infect !

(Il quitte le cabinet et PSY 4 reste seul, en proie à une crise d'hystérie.
Noir.)

Scène 9 *(En bas.)*

(Jambet déblatère encore. Au cours de la tirade suivante, sans que les autres la voient, Fella vient s'accroupir près de la porte de la terrasse pour écouter.)

Jambet

Ô, laissez-moi contempler votre tendre visage. Que nenni, vous dis-je ! Adieu, monde cruel ! Salut les mecs ! La marquise sortit à cinq heures – un instant, ça se cristallise, vous donne quelque chose à vous mettre sous la dent, puis se dissout, vous fond dans la bouche, rejoint le flux, le tout-à-l'égout, retourne à l'entropie grouillante. C'est à s'arracher les cheveux. À se fendre la patate. À se crever le cœur. À se désopiler la rate. À se péter les poumons. Les mères en train de pleurer leurs enfants morts, les épouses leur mari mort, Roméo et sa Juliette, et tout le tintouin, je suis sûr que j'en oublie mais vous saisissez le topinambour de mon topos. Entre reptiles, on était tellement plus tranquilles ! C'est pas de ma faute. S'il ne tenait qu'à moi, on serait resté à se prélasser dans les marécages jusqu'à la fin des temps…

Trudy

(Rigolant pour montrer son appréciation.)
Ah ! ah ! comme dit le poète,

« La vie est à chier, certes, mais
quand on réfléchit aux alternatives… »

JAMBET

Je ne suis pas d'accord
mieux vaut le néant.

TRUDY

(À voix basse, pour que LAKHDAR ne l'entende pas.)
Pauvre ange, j'aurais peut-être dû
t'épargner tous ces tracas et te supprimer
dès avant la naissance, comme je l'ai fait
pour deux ou trois de tes frères et sœurs.
(JAMBET accuse le coup.)
Tu serais resté dans les limbes
avec les nombreux embryons et fœtus
que Halima a perdus malgré elle.
(JAMBET a le cœur au bord des lèvres.)
La pauvre avait une malformation de l'utérus.
Chaque grossesse lui faisait courir un risque.
Elle a fait quatre fausses couches avant Lakhdar
et trois après. Tu te rends compte, chéri ?
Si elle avait écouté les médecins
elle se serait contraceptée.
Ainsi Halima serait encore en vie
mais Fella, jamais née.
(FELLA se relève et avance jusqu'au milieu de la terrasse.)

FELLA

Encore une soirée folichonne
chez les Tarvel, à ce que je vois.

LAKHDAR ET TRUDY

Fella !

TRUDY

Ma chérie !

LAKHDAR

Ma sœur !

JAMBET *(À part.)*

Mon ex-future-épouse !

LAKHDAR

Comment vas-tu ?
Tu as l'air fatiguée…

TRUDY

Tout le monde est là !

JAMBET

Sauf l'invitée d'honneur.

FELLA

Où est Lina ?

TRUDY

Elle arrive, elle se fait belle.
Viens t'asseoir avec nous.

FELLA

(S'installant aux pieds de TRUDY, qui l'enlace affectueusement.)

Faites comme si je n'étais pas là.
Vous parliez… de la mort, je crois ?

JAMBET
On peut changer de sujet…

TRUDY
C'est drôle.
Autant je redoute la mort de ceux que j'aime,
autant la mienne ne me fait ni chaud ni froid.
Aujourd'hui ou plus tard,
qu'est-ce que ça peut me faire ?

LAKHDAR
Madame Tarvel, ne dites pas cela.

FELLA
Vous nous enterrerez tous, Trudy.
Vous avez une pêche d'enfer !

TRUDY
Oh, je n'en ai plus pour bien longtemps,
je le sais et m'en fous comme d'une guigne.
C'est quoi une guigne, d'ailleurs ?
Je ne l'ai jamais su…

JAMBET
Je n'en ai jamais vu…

TRUDY
Pauvres guignes, dont tout le monde se fout
sans même savoir ce qu'elles sont.

Lakhdar

C'est peut-être une espèce de figue, ou bien de nèfle ?

Fella

Bref, je vous souhaite de vivre cent cinquante ans.

Trudy

Quelle horreur ! T'imagines la gueule que j'aurais ?
Elle est déjà assez amochée.
Et ça, ce n'est que la surface. Dedans,
c'est encore pire : tous ces muscles, tendons,
nerfs, os et organes qui tiennent à s'exprimer
chacun leur tour, pour être bien sûrs
que je les reconnaisse comme miens, à la douleur !
Non, encore trois-quatre ans, dix à tout casser,
et pfft ! je tire ma révérence.
Brûlez-moi, les amis, cramez la dame
et éparpillez mes cendres n'importe où !

Fella

Mais non, Trudy, c'est pas sympa pour nous.
On voudra se souvenir de vous,
vous rendre hommage…

Trudy

Ah bon, d'accord. Alors vous pouvez enterrer
mes cendres à côté de celles de Claude.
Elles se tiendront chaud dans l'éternité…
N'est-ce pas, mon Claudicant chéri ?

Fella

Et quelle musique, pour la cérémonie ?

Trudy

Eh bien, vous me mettrez… un peu de jazz,
un peu de Phil Glass… et *beaucoup* de Chopin !
Et puis il faut faire un grand festin,
vous y inviterez tous mes amis,
vous leur servirez des plats délicieux,
des grands vins… Et tu danseras, Fella,
tu me le promets ?

Fella

Je vous le promets, Trudy. Si je suis là,
je danserai à vos obsèques.

Trudy

Bon. Voilà qui est réglé. Ah non, j'oubliais :
ma tenue ! Je voudrais une belle robe noire
très élégante et décolletée…
mais pas *trop* décolletée, Fella,
parce que – regarde – tu vois,
j'ai, là, sur la poitrine,
une petite excroissance,
une sorte de bouton…

Jambet

Le hic, maman : si on t'a déjà incinérée,
comment faire pour te mettre un décolleté ?

Trudy

Ça, c'est votre problème !
(Tout le monde rit sauf Lakhdar, qui trouve cette conversation du plus mauvais goût.)

Fella

Oh, Lakhdar, tu ne veux pas te dérider un peu ?
C'est fatigant, tu es toujours si *vertueux* !

(Noir.)

Scène 10

(En haut. Fella bis en thérapie avec Psy 5 – un homme. Panneau : 1986.*)*

Fella bis

Je me sens déchirée.

Psy 5

Par qui êtes-vous désirée ?

Fella bis

Déchirée, pas *désirée*.

Psy 5

Si j'ai fait ce lapsus auditif,
il y a forcément une raison.
Sans doute souhaitez-vous,
au niveau inconscient,
que moi je vous désire.

Fella bis

Je vous en prie !

Psy 5

Sinon, pourquoi vous être maquillée
Avant de venir ici… ?

Fella bis

Vous m'écoutez, oui ou non ?

Psy 5

Oui, je vous coûte. Et cher, avec ça.

Fella bis

Pardon ?

Psy 5

Loi n° 1 du psychopraticien :
si c'est gratuit, cela ne vaut rien.

Fella bis

(Parlant à toute vitesse pour qu'il cesse de l'interrompre.)
Je disais donc que je suis *déchirée*,
car j'aime Jambet, fils unique
de la merveilleuse madame Tarvel,
mais mon frère Lakhdar me met en garde :
« Je ne veux *pas* que ma sœur se compromette
avec ce décadent dissipé et dangereux,
ce faiseur faisandé de vers véreux.
Nous devons être dix fois plus vertueux
que les Français : *anges*, nous autres,
pour qu'ils ne nous disent pas *animaux*.
De plus, héritier de la fortune Tarvel,
Jambet prendra femme dans son milieu.
Méfie-toi de lui, sœurette, c'est un homme fait
que ta jeunesse et ta joliesse attirent.
Il joue avec toi, rêve de te ravir la fleur
de ton innocence. Si ton honneur
t'indiffère, crains au moins pour ta santé !

Car avant de rencontrer en toi
obstacle à sa hauteur, ce cavalier
en a renversé des bien plus faciles... »

Psy 5

Il me semble que vous avez envie
de tuer votre mère.

Fella bis

C'est déjà fait, je vous l'ai dit à la première séance :
en me donnant la vie, ma mère a perdu la sienne.
Vous m'écou... Bref, je poursuis donc...

Psy 5

Ainsi, tout au fond de vous-même,
vous désirez coucher avec votre père ?

Fella bis

Comme Lakhdar était lui-même sur le point
de partir faire ses études à la capitale,
je lui ai dit : « Je compte sur toi, frérot,
pour suivre à la lettre ces conseils
qu'avec tant de bonté tu m'as prodigués ! »
« La laisse d'un homme est plus longue,
m'a répondu Lakhdar avec gravité.
Et ne profite pas, Fella, de mon absence
pour raviver tes ambitions de danse.
Il n'y a qu'un pas de la scène à... l'obscène ! »
Lakhdar parti, surgit mon père Belkacem
qui me somme à son tour, formellement,
de mettre fin aux tête-à-tête avec Jambet...

Psy 5
Les tête-à-tête risquant de se transformer
en parties de Jambet en l'air, hé! hé! hé!

Fella bis
« Mais, papa! ai-je protesté, ce bel homme
– le fils, en plus, de ton meilleur ami –
a juré par tout ce qui lui est sacré
que ses intentions sont honorables! »
« Justement! m'a rétorqué Belkacem :
rien n'est sacré pour les écrivains!
Ces menteurs professionnels ne croient
qu'en leurs propres élucubrations!
ne sont amoureux que de *mots*!
Je connais les hommes, ma fille, je sais
de quelle partie de leur anatomie
jaillissent les belles paroles… »

Psy 5 *(Plié en quatre de rire.)*
Ah! ah! ah! intuition fulgurante!
C'est des testicules que jaillit l'éloquence!
La sémantique n'est autre que la semence!
La sagesse populaire, même maghrébine,
s'accorde au fond avec la loi lacanienne.
Voilà pourquoi, en effet, le Phallus
est l'unique Signifiant, toute libido
est masculine, et la femme n'ex-siste pas!
Bon endroit, me semble-t-il, pour s'arrêter.
Votre chèque de trois cents francs est-il préparé?

(Noir.)

Scène 11

(En bas, sur la terrasse.)

TRUDY

Je vais aller voir ce que fabrique Lina,
elle se fait trop désirer, celle-là !
*(*FELLA *aide* TRUDY *à quitter sa chaise, on voit que c'est une habitude entre elles.* TRUDY *sort.)*

FELLA

Dommage, notre fille n'aura donc pas bénéficié
de la grande leçon de sagesse paternelle...

JAMBET

Tu écoutais aux portes...

FELLA

C'est étonnant, voilà – combien ? –
quinze ans qu'on ne s'est vus ? et tes idées
sont les *mêmes* ! Je te jure, elles n'ont *pas changé* !

JAMBET

Euh... Toi non plus.

FELLA

Quel dommage que Lina ait manqué ça !
Tu aurais pu éclairer sa lanterne
Ou son *allumette*, plutôt...

JAMBET

Son allumette ?

FELLA

Mais oui, tu ne te rappelles pas ?
Ce furent les derniers mots que tu m'as dits
avant de t'envoler pour Manhattan,
moi enceinte de huit mois et demi :
« Nous sommes de pauvres riens, Fella.
Des allumettes qui se prennent pour le soleil
mais qu'éteint le moindre souffle de vent. »
Tu vois ? je l'ai appris par cœur.

FANTÔME DE HALIMA *(Surgissant, murmurant.)*

Curieuse, cette invitation de New York
tombant... tellement... à pic...
émanant de grands professeurs oui
mais qui se trouvaient être aussi
les collègues de Claude et ses bons amis.

JAMBET *(Se levant enfin.)*

Puis-je te servir un verre de blanc ?

FELLA

L'alcool m'est interdit.

JAMBET

Ah oui…

LAKHDAR

Fella est encore sous traitement neuroleptique.

JAMBET

Jus de pomme ?
(CLAUDE se réveille soudain et se met à chanter à tue-tête.)

CLAUDE

Non, rien de rien
Non, je ne regrette rien…

FANTÔME DE HALIMA *(Surgissant, murmurant.)*

Il y aurait pourtant de quoi, monsieur Tarvel…
il y aurait de quoi… à tel point
que je me demande parfois
si ce n'est pas pour effacer
certains gestes et leur souvenir
que vous vous êtes mis à oublier…

CLAUDE

Ni le bien qu'on m'a fait, ni le mal
Tout ça m'est bien égal
Non, rien de rien
Non, je ne regrette rien…

LAKHDAR

Je doute que tout le monde ici puisse en dire autant.

JAMBET

Qu'est-ce qu'il y a, Lakhdar ?
Tu as un pôle qui te gratte quelque part ?
Dis, tu n'as pas des financeurs et des financements
à chercher, là, que je puisse passer
trois minutes seul à seule avec ta sœur ?

LAKHDAR *(Bouillonnant.)*

Franchement, Jambet…

FELLA

Laisse-nous, Lakhdar.

PSY I *(Se penchant d'en haut.)*

Vite ! les grands moyens !
Mettez-vous au tambour.
(LAKHDAR BIS tape sur les tambours comme s'il allait les éventrer…)

LAKHDAR *(Voix archicontrôlée.)*

Je vais démarrer le barbecue.

JAMBET

Bonne idée.

LAKHDAR

Il faut une bonne heure pour que les braises
atteignent la température adéquate.

JAMBET

C'est ça, Lakhdar, va. Va t'occuper
de l'adéquation de la température.

(Lakhdar bis ressort sur la terrasse. Claude chantonne encore… Long silence entre Jambet et Fella.
Jambet met un disque de raï. Se perche sur un tabouret près du comptoir de la cuisine.)

Jambet

Tu redanses, alors.

Fella

Ne t'en déplaise.

Jambet

Tu me montres un peu ?

Fella

Non… tout à l'heure. Avec Lina,
on vous a mijoté un petit spectacle.

Jambet

Elle est belle, notre fille.

Fella

Oui et alors ?

Jambet

Elle ne sera jamais aussi belle que sa mère.
(Fella hausse les épaules, agacée…)

Fella

Oh ! oui, je suis encore potable.
D'ailleurs on me pote assez souvent.

Jambet

Pourquoi si hostile, Fella ? Tu n'étais pas comme ça
quand je venais te rendre visite à l'hôpital,
il nous arrivait même parfois… tu te rappelles…
(Il descend de son tabouret et lui tend les bras.)

Fella

C'est parce que j'ai une nouvelle thérapeute.
(Mais elle vient dans ses bras, les deux se mettent à danser un slow ensemble – sans suivre les rythmes de la musique.)

Jambet

Ah bon, tu as une nouvelle thérapeute.

Fella

Et pour la première fois je sens
que je progresse réellement,
de semaine en semaine.

Jambet

Vers quoi ?

Fella

… Hein ?

Jambet

Vers quoi tu progresses ?…

Fella

… une meilleure compréhension
de moi-même.

JAMBET

C'est ça, le but ?

FELLA

De quoi ?

JAMBET

… tout ça.

FELLA

J'apprends à me défendre
à exprimer ma colère
à exiger ce dont j'ai besoin
à défendre mes droits
à peser de tout mon poids…

JAMBET

Dis donc,
c'est de la psychothérapie que tu fais,
ou du sumo ?

FELLA

Très drôle.

JAMBET

Ça fait combien de temps que tu vois des psys,
dis-moi ?

FELLA

Oh, un petit… quart de siècle maintenant…
Toujours par ta faute, naturellement.

JAMBET

Et notre thérapie de couple,
tu te rappelles ?

FELLA

Si je me rappelle…

Scène 12 *(En haut.)*

(Jambet bis et Fella bis en thérapie de couple avec Psy 6 – homme ou femme. Pancarte : 1991.*)*

Psy 6

Mais vous aimez Fella, n'est-ce pas Jambet ?
Si vous êtes ensemble depuis… près d'une année ?

Jambet bis

Fella m'est douce,
elle est bonne et fidèle,
ce n'est pas comme ma mère,
l'écœurante putain…
qui a troqué papa pour tonton,
un géant pour un nain,
un vrai mec pour un cabotin.
Comment a-t-elle pu…
Je ne le comprends pas…

Psy 6

Restons dans le présent, si vous le voulez bien.
Reprenons. Vous faisiez l'éloge de Fella ?

JAMBET BIS

Côté cuisine, je n'ai pas à me plaindre,
son *osso bucco*, notamment.
Elle fait une sauce si délicieuse
que je suce les os après,
je su-ce la sau-ce de ses os-ses
comme Dieu sucera plus tard les miens,
j'ai écrit un poème là-dessus.
Voulez-vous l'entendre ?

PSY 6

Ce n'est ni le lieu ni le moment.

FELLA BIS

Il est parfois si morbide, docteur
j'avoue que cela me fait très peur
par exemple quand je lui apporte un nouveau plat
il dit que nous dégustons peut-être son papa
les vers qui l'ont mangé ayant été mangés
par des oiseaux, dont les cadavres ont engraissé
la terre où poussent les légumes que j'ai cuits…

JAMBET BIS *(Lisant malgré l'interdiction de* PSY *6.)*

Nous sommes des osselets enfilés en pantins,
nous jouons, ons, ons
pour des dieux désœuvrés
ainsi font, font, font,
les jolis petits squelettes.
Mais, ne croyant plus à nos dieux,
nous jouons pour un public invisible
et ne croyant même plus au public,
nous jouons…

Fella bis
Mais pourquoi appeler ça *jouer* ?

Jambet bis
Parce que c'est JOUER !

Fella bis
Et la vraie vie, elle arrive quand ?

Jambet bis
Jamais, petite sotte !

(Temps.)

Fella bis
Tu ne vas *pas* m'épouser, finalement,
Lakhdar et Belkacem avaient raison.
Maintenant que tu m'as tout pris,
tu ne veux plus de moi, je t'ennuie.

Jambet bis
Ah ! elles m'épuisent les bonnes femmes,
avec leur sérieux, leur superficialité,
leur ardeur, leur crédulité...
Veulent toujours que la vie rempile,
gratifiante et édifiante, ça m'horripile...
Maintenant ça veut se produire, se pavaner en public,
« partager » ce que ça croit avoir compris de la politique...
Ah non ! fous-toi un niqab, plutôt !

Fella bis *(Pleurant.)*

Je ne sais plus quoi faire, docteur,
Jambet, dans ses phases d'abattement,
ne supporte pas mes ambitions professionnelles.
Il singe mes gestes en les exagérant,
critique mes chorégraphies,
m'interdit de me produire en public,
tourne tout mon travail en ridicule.

Jambet bis

C'est toi qui te ridiculises !
« Vous sautillez, vous trottinez, vous zézayez...
et vous mettez au compte de l'ignorance votre impudicité ! »

Psy 6

Pouvez-vous me donner une idée,
en quoi consistent ces chorégraphies ?

Fella bis

En ce moment les artistes de ma troupe
incarnent ces danseuses du ventre
qui travaillaient à Paris
dans des boîtes de nuit
pendant les « événements » en Algérie.
Avec leurs mouvements lascifs
– seins tressautants, bourrelets gigotants
rotations affolantes de la croupe –
elles récoltaient de l'argent
pour le Front de libération nationale.

Jambet bis

Grotesques, ces simagrées grimées,
ces costumes clinquants. Ça sert à quoi ?

Fella bis

C'est vrai, ça ! pourquoi ne pas rester affalé
devant la télé, à se moquer du monde entier ?

Jambet bis

Je ne fais pas que ça, j'écris.

Fella bis

Ah oui, tiens ! Et pourquoi écrire ?

Jambet bis

Mais pour être immortel, ma belle.

Fella bis

Étrange, ce goût de l'immortalité
chez ceux qui vomissent la vie.

Jambet bis

Faut bien vivre,
si on veut laisser une œuvre.

Fella bis

Mais à qui la destines-tu, cette œuvre,
vu que notre espèce est si lamentable ?
À d'autres nobles désespérés ?
Aux suicidaires de l'an 3060 ?

Jambet bis
À quoi sert ta beauté, Fella, et ta grâce ?
Elles pourriront, tes chères chairs…
L'esprit, lui, demeure diamantin.
Lucrèce, Shakespeare, Pirandello,
Calderón, Dagerman… tous, ils vivent !
Et m'aident à vivre…

Fella bis
Vis avec tes livres alors, s'ils te plaisent tant !

Jambet bis
Je ne peux pas baiser mes livres.

Fella bis
Charmant…

Jambet bis
J'ai essayé, ça ne fonctionne pas.
(Fella bis est anéantie.)

Psy 6
Cela est suffisant pour aujourd'hui.
On a bien avancé, vous êtes de mon avis ?
Excellent, il faut continuer ainsi.
On se retrouve à la même heure, mercredi.

Scène 13 *(En bas.)*

(La musique raï a pris fin… Jambet et Fella se séparent, soudain gênés.)

Jambet

Putain, elle fait quoi, Lina ?
Et Trudy, elle est tombée dans le même trou noir ?
Décidément, cette fête a bien du mal
à démarrer. Je vais aller voir.

Claude *(Chantant.)*

La bandaison de papa
ça n'se comman-de pas…

(Jambet sort.)

Lakhdar *(Depuis la terrasse.)*

Il est dix-huit heures cinquante-cinq.
Les braises, comme prévu, seront prêtes
dans trente-cinq minutes.
Si l'on ne commence pas le barbecue maintenant,
elles vont s'éteindre.

Fella

Viens me parler un peu, Lakhdar…
Dis-moi ce que tu deviens, ça fait un bail.
Comment se passe ton travail
à l'Agglo ?

Lakhdar *(Rentrant.)*

Tu ne comprendrais pas.

Fella

Dis-moi quand même, essaie de m'expliquer.

Lakhdar

Dans toutes les salles de réunion sont affichés
nos quatre grands objectifs à respecter :
implication, respect de la personne,
exemplarité, qualité du service rendu.

Fella

Ah d'accord… je vois, c'est… passionnant…

Lakhdar

Par ailleurs nous avons quatre certifications :
qualité, sécurité, environnement, éthique.

Fella

Mm-hmmm… Et alors… toi, là-dedans ?

Lakhdar

Eh bien, comme tout le monde, j'ai un *tracé* :
chaque mois je dois remplir un formulaire
pour rendre compte de ces objectifs,

inscrire le nombre de dossiers où j'ai été hors délai…
Mais en outre, grâce à mes diplômes supérieurs,
je suis référent en éthique, petite sœur.

FELLA

Référent… en éthique ?

LAKHDAR

Pour chacune des certifications
– qualité, environnement, sécurité,
éthique –, il y a un référent
et celui-ci se fait aider par un correspondant.
Moi, je suis référent en éthique.

FELLA

Mais, euh… concrètement ?

LAKHDAR

Concrètement, je dois faire
au sujet de mes collègues
des relevés d'anomalie.

FELLA

Des relevés ?
(LAKHDAR sort un cahier de son attaché-case pour lui montrer.)

LAKHDAR

Regarde, par exemple, ici : « *Problèmes hydrauliques et dépôts préjudiciable au bon écoulement des eaux.* »
Il manque un « s » à *préjudiciable*. Ainsi je note :
Nombre d'occurrences ? « *1.* » Date limite ?

Ça a été pisté le 20 mai, alors je note :
« *Vous avez jusqu'au 27 mai*
pour corriger cette faute d'orthographe. »
C'est adressé à celui qui a fait le courrier,
mais c'est également *listé*.

FELLA
C'est-à-dire ?

LAKHDAR
C'est-à-dire, les relevés d'anomalie
sont accessibles dans tout l'intranet.

FELLA *(Comprenant qu'il est mouchard.)*
Là, pour le coup… je l'avoue,
tu as réussi à me perdre…

(Temps. Changement d'ambiance.)

LAKHDAR
Tu t'es perdue toute seule, Fella.

PSY I *(Se penchant d'en haut.)*
Attention, Lakhdar, à l'agressivité.
Rappelez-vous : *Je n'ai pas besoin d'ennemis*
pour me sentir fort.

FELLA
On ne fait rien tout seul, cher frère.

PSY 7 *(Une femme, se penchant d'en haut.)*
Bien envoyé, Fella. Dans le mille.

Psy 1

Mais vous pouvez quand même lui rappeler
que vous avez tenté de la mettre en garde…

Lakhdar

Ne dis pas que je ne t'ai pas mise en garde.
Notre père aussi a fait tout ce qu'il a pu.
Nous t'avons bien dit qui était Jambet Junior :
poseur, buveur et versificateur devant l'Éternel !
Mais elle n'en fait qu'à sa tête, la demoiselle !
Ou à sa foufoune, plutôt !

Psy 1

Pas mal, pas mal.

Psy 7

Fella, n'oubliez pas, vous êtes une *résiliente* !

Fella

Je suis une *résiliente*, mon cher Lakhdar.
Je ne sais pas si ça relève de l'éthique,
de l'environnement ou de la… sécurité
mais je sais une chose : il n'est pas inutile
d'avoir des obstacles à surmonter,
ça vous rend plus créateur, plus fort.
Parfois, les chemins rocailleux
conduisent à des trésors…

Psy 7

Bien dit !

Psy 1 *(Bousculant Psy 7 pour prendre sa place.)*
Elle oublie complètement votre papa.

Lakhdar
Tu oublies complètement notre papa.
Il se retourne dans sa tombe, le pauvre,
de voir sa fille la maman d'une bâtarde !

Fantôme de Belkacem *(Se penchant.)*
Il faut, cher fils, adopter les mœurs
du pays où l'on vit. Fella n'a pas grandi
comme Halima en Algérie, c'est une Française.
Je l'accepte. J'ai cessé de m'en faire.

Fantôme de Halima *(Se penchant.)*
Remarque, même moi, un peu plus de liberté
ne m'aurait pas dérangée.

Fantôme de Belkacem *(Au Fantôme de Halima.)*
Quelqu'un t'a appelée ?

Lakhdar
Voilà comment
ton pote pourri a traité Belkacem,
meilleur ami pourtant de son propre père.

Psy 1
Les faits, Lakhdar, sans exagération
les simples faits.

Lakhdar

Primo, il déshonore sa fille, et *secundo*,
pour faire bonne mesure, il l'assassine !

Psy 7 *(Bousculant Psy 1.)*

Vous n'allez pas tolérer ces calomnies !

Fella *(Tremblant de rage.)*

Je ne tolérerai pas ces calomnies,
Jambet a tout fait pour l'éviter.
Les accidents, cela existe !

Lakhdar

Ah bon ! Tu la traites d'accident
maintenant, ta propre fille ?

Fella

Je parle du tragique accident d'auto
où a péri notre papa bien-aimé...

Lakhdar *(Hors de lui.)*

Ne l'appelle pas « bien-aimé » !
Tu n'en as pas le droit. Mal-aimé
de toi, il a été ! Et par ta faute,
il est mort le cœur brisé...
(Jambet revient. Il a entendu la dernière phrase de Lakhdar.)

Jambet

À propos, vous connaissez la blague
sur le musulman qui meurt et va en enfer ?

(Noir.)

SCÈNE 14 *(En haut.)*

*(*JAMBET BIS *en psychothérapie avec* PSY 8*, un analyste new-yorkais. Leur échange a lieu en anglais – avec sous-titres. L'accent de* JAMBET BIS *est à couper au couteau. Pancarte :* 1992.*)*

JAMBET BIS

It is hell!

[C'est l'enfer !]

PSY 8

So you have been weeping.

[Ainsi, vous pleurez.]

JAMBET BIS

It is so not like me, docteur.
And always at ze worst moments
When I am going to teach a course at ze université
or give an interview on ze TV, ze tears zey
leap out my eyes, zey pour down my cheeks
zis is very annoying, very inconvenience.
I do not want to be an omelet.

[Ça ne me ressemble pas du tout
et toujours à des moments inappropriés.

Quand je suis sur le point de faire cours
ou de donner une interview à la télé, des larmes
jaillissent de mes orbites, ruissellent sur mes joues.
Très embêtant, très inconvenant.
Je ne veux pas être une hommelette.]

PSY 8
Omelets slobber, they do not weep.
And what, in your opinion, brings on the tears?
[Les omelettes bavent, elles ne pleurent pas.
Et d'où viennent-elles, ces larmes, à votre avis ?]

(Long silence. Puis JAMBET BIS *se met à sangloter et à parler en même temps.)*

JAMBET BIS
Ze farmer takes a wife, zat is where
ze plot thickens. You bet your ass.
For zen ze wife, she takes ze child,
and zen Cain, he kills Abel,
or ze ozer way around, I always forget.
[Le fermier prend une femme, c'est là que
l'intrigue se corse. Oui, je te fiche mon billet.
Parce qu'ensuite la femme prend un enfant,
et puis Caïn tue Abel,
à moins que ça ne soit l'inverse, j'oublie toujours.]

FANTÔME DE HALIMA *(Surgissant, murmurant.)*
Comment pouvez-vous oublier ?
C'est toujours le cadet qui zigouille l'aîné
Caïn, Abel, et Claude, Jambet.
D'ailleurs, pauvre homme obnubilé,

si dans cette fac lointaine vous vous trouvez,
c'est par l'intervention de ce même cadet.
Il a tenu à vous éloigner,
car franchement vous commenciez
à l'agacer avec vos jérémiades.
Il a voulu jouir de quelques embrassades
tranquilles avec sa Trudy bien-aimée...

JAMBET BIS

and zen Blim and Blam see that zey are naked
and zen everybody starts knowing everybody else
and before you can say Boo
ze whole slizzering slough of generations
jerks into motion and ze next sing you know
you have Mr. Job and all zese sings to weep about

[*et puis Blim et Blam voient qu'ils sont nus*
et tout le monde se met à connaître tout le monde
et en moins de temps qu'il n'en faut pour le dire
la grande chaîne des générations s'est mise en branle
et on a vite fait d'arriver à Job qui le premier
a compris dans quel boxon on s'était fourré]

PSY 8

Am I to understand zat your wife is pregnant?

[Dois-je en déduire que votre épouse est enceinte ?]

JAMBET BIS

All women are traitors, zis is in zeir nature.
Zey slink and zey slide. Zey are changing skins
in ze manner of snakes. Zey bleed,
and ooze, and suck your marrow.
Thin one day, plump ze next. Not to be trusted.

By forgetting her Pill, and flowering,
Fella betrayed our pact to stay
just ze way we were :
dry, clean and white as bones.
Damn dames! Always zey want sings to go on.
Well, docteur? Can you help me?

[*Toutes les femmes trahissent, c'est dans leur nature.*
Glissantes et torves, elles changent de peau
comme des serpents. On ne peut leur faire confiance.
ça saigne, ça suinte, ça te suce la moelle.
Minces un jour, grosses le lendemain.
En oubliant de prendre sa pilule,
en fleurissant, Fella a rompu notre pacte :
rester comme on était, secs et propres comme des os.
Sales gonzesses! Veulent toujours que les choses perdurent.
Eh bien, docteur? Pouvez-vous m'aider?]

Psy 8

Yes, but ze cure will be long and expensive.
One hundred twenty dollars per session,
three times a week for eighteen months,
And you should not, for ze duration,
expect to be able to write... Perhaps not even
afterwards. For you, true mental health
may require a clean break from literature.
...What do you say?

[Oui, mais la cure sera longue et coûteuse.
Trois fois par semaine pendant dix-huit mois
à raison de cent vingt dollars la séance.
Et pendant ce temps, n'espérez pas pouvoir
continuer d'écrire. Même après, il faudra voir.
Pour vous, la santé mentale implique peut-être

une coupure nette avec la littérature.
... Qu'en dites-vous ?]

JAMBET BIS

One hundred twenty times sree
times four times eighteen equals…
Zis, dear docteur : I prefer to weep.

[Cent vingt fois trois fois quatre
fois dix-huit égale… ceci, monsieur :
j'aime mieux pleurer.]

Scène 15 *(En bas.)*

Jambet

C'est donc un musulman qui se retrouve en enfer.
Là, il est accueilli par un homme élégant et souriant
qui propose, avec la plus grande courtoisie,
de lui faire visiter les lieux.
Le prenant doucement par le bras,
il lui montre : ici, le casino avec ses tables de jeux à l'infini,
là, de somptueuses prostituées toujours disponibles,
là-bas coulent à flots vins fins, whisky et champagne…
L'homme se frotte les yeux : « C'est trop génial ! »
Le conduisant ensuite en haut d'une montagne,
son guide lui montre au loin des gens qui hurlent,
pleurent, supplient, se tordent dans les flammes
tandis que des diables les transpercent
de leur fourche et les démembrent. « Ça,
c'est l'enfer chrétien, dit le guide, en haussant les épaules :
Ils préfèrent comme ça. »

(Fella éclate de rire, Lakhdar est blême depuis le début et pas le moindre muscle de son visage ne bouge.
Trudy revient à ce moment.)

Trudy
Qui préfère quoi comme quoi ?

Lakhdar
Viens, Fella, on s'en va.

Fella *(Aux deux.)*
C'est juste une blague.

Lakhdar
Ce n'est pas une blague.
C'est un blasphème,
ni plus ni moins.
Quoi que nous fassions
– diplômes, salamalecs, acrobaties –
ils ne nous respecteront jamais !
Ne restons pas ici, Fella,
à recevoir de ce nihiliste ignoble
les effluves en pleine figure.
Viens, partons.

Fella
Je ne partirai pas.
Je suis venue fêter Lina.
Elle a dix-huit ans aujourd'hui,
c'est une occasion importante.
Pas question que je m'en aille.
Jambet a le droit d'être là.
C'est son père, noble ou ignoble.
Pars si tu veux mais, si tu restes,
calme-toi, Lakhdar, je t'en supplie.
Cesse de faire de tout une tragédie !

Lakhdar

… il est dix-neuf heures vingt et une
les braises refroidissent…
Je vous préviens, si le barbecue est raté,
je n'en prendrai pas la responsabilité.

Trudy *(À Jambet.)*

Oh ! je suis triste d'avoir manqué la blague !
J'aime tellement quand tu es de bonne humeur.
(Elle glisse un bras autour de sa taille.)

Jambet *(De plus en plus ivre.)*

Je peux en raconter une autre
– sans musulman, cette fois !
C'est la célèbre scène des Évangiles
où le Christ découvre une foule de gens
qui s'apprêtent à lapider la mère…
pardon, la femme adultère.

Trudy

Je la connais, c'est pas la peine.

Fella

Moi, je ne la connais pas ! Vas-y…

Jambet *(Mimant la scène.)*

S'arrêtant net, croisant les bras
Jésus s'écrie : « *Attendez !*
Que celui parmi vous qui est sans péché
lance la première pierre ! »
Aussitôt, venant de derrière lui,
Zing ! un gros caillou lui passe près de l'oreille,

Toc ! il frappe à la tempe la mère,
pardon, la femme adultère
qui s'écroule… Sans décroiser
les bras, sans même se retourner,
le Christ soupire et dit, agacé :
« *Maman…* »
(À nouveau Fella *rit aux éclats et* Lakhdar *blémit, très choqué.)*

Lakhdar *(À voix basse.)*
Ils ne respectent même pas leur propre mère.
*(*Trudy *se lève.)*

Jambet
Ben oui. Des mères pures, ça existe.

Trudy
Ah bon !

Jambet
Ou ça a existé.

Trudy
Et *vierge*, avec ça ?
Ah ! ces messieurs ne veulent pas
que le plaisir ait effleuré leur mère.
Ils la veulent tout à eux,
voilà le fin mot de l'affaire.
Papes, évêques et curés ont pinaillé pendant des siècles
pour consigner officiellement ce… fantasme délirant.
Marie, mère de Jésus, aurait conçu et accouché
sans que son hymen ait subi la moindre égratignure.
Eh ben non, mes petits garçons.

Asseyez-vous là,
écoutez-moi bien, il est temps qu'on vous détrompe...
Une femme, ça peut prendre son pied toute seule,
ou avec un homme

FANTÔME DE HALIMA

... ou avec une femme

FANTÔME DE BELKACEM

Halima !

TRUDY

ou avec deux hommes

FANTÔME DE HALIMA

... ou avec un homme et une femme

FANTÔME DE BELKACEM

HALIMA !

TRUDY

Ces délices peuvent se passer
avant votre naissance, après, n'importe quand,
et l'hymen, ce bout de peau, là-dedans,
n'y est strictement pour *RIEN* !
On ne le sent pas ! On s'en fout !
Il est fait pour être déchiré le moment venu,
moment décidable par personne d'autre que nous.
Alors – vous m'écoutez toujours ? – alors
déchiré, oui – mais non dans la haine ou l'effroi,
déchiré, crois-moi, dans l'allégresse et la joie !
Comme les ténèbres par la lumière !
Ou le papier cadeau par les enfants à Noël !

Fella *(À Lakhdar, traumatisé.)*
Viens, mon cher Lakhdar…
viens me montrer ces fameuses braises.
De quoi ont-elles l'air ?
(Elle entraîne Lakhdar sur la terrasse pour laisser Trudy et Jambet seuls. Long silence entre eux.)

Claude *(En fond.)*
… la bandaison de papa…

Trudy
Tu as vu le ciel, Jambet ?
n'est-ce pas extraordinaire,
ces rayons étincelants qui déchiquettent
la montagne de nuages violette ?

Jambet
Bof, si l'on veut…

Trudy
Pourquoi la beauté t'énerve-t-elle toujours,
mon ange ? Tu peux me le dire ?

Jambet
Parce qu'elle dépend du point de vue.
Parce qu'elle est relative, pas absolue.

Trudy
Et alors ? où est le problème ?

Jambet
J'aurais tant aimé, vois-tu, que certaines choses

demeurent fiables, incontestables,
solides, au lieu de bouger sans arrêt…

TRUDY

L'amour de ta mère
fait partie de ces choses-là.

JAMBET

Mais pas l'amour de ma mère
pour mon père.

TRUDY

Encore cette rengaine !
Tu es pire que Claude.
(Le serrant contre elle.) Oh ! mon fiston,
mon fils tellement unique…
Il te hante encore, dis, ton père ?

JAMBET

Non. Voilà bien longtemps que je ne l'ai vu…
Depuis Manhattan, en fait, il ne m'apparaît plus.

TRUDY *(Riant doucement.)*

Ton psy amerloque l'aura chassé ?

JAMBET

Ça se peut bien, oui.
Terminé, depuis, les psy.
Mais les voix et les spectres aussi.
Je me sens bien appauvri.

Trudy

Moi aussi, marre et archimarre
des professionnels de l'âme.
Maintenant, sais-tu, chéri,
c'est avec Halima que je discute,
à Halima que je me confie.
C'est gratifiant… et gratuit.

Jambet

Tu y vas fort ! Halima a rendu l'âme
en donnant la vie à Fella, c'est-à-dire…

Trudy

Je sais, il y a trente-sept ans de ça !
Mais Halima, de son vivant déjà
avait une façon si spéciale d'être là
flottante, transparente, déjà un peu spectre.
Comme elle avait les clefs de la maison,
à tout bout de champ elle *surgissait,*
je la sentais là soudain, tout près de moi,
silencieuse, affectueuse… Sa mort,
vois-tu, n'a presque rien changé.
(Silence.)
Regarde le ciel, Jambet !
cet orange – sublime
le même que ma robe,
ou que mes lys tigrés !

Jambet

Incorrigible optimiste…

Trudy

Non, pas optimiste. Juste,
sachant que chaque ciel
pourrait être mon dernier,
je me sens très déterminée
à prendre chaque goutte de plaisir
qui se trouve à ma portée
et à en répandre, tant que je peux…

Jambet

Oui je me rappelle une fois dans le train
(en route vers cette pension épouvantable
où tu as laissé s'étioler mon adolescence),
tu as regardé la jeune fille assise en face,
une adolescente banale, vulgaire,
qui mâchouillait du chewing-gum
en tournant les pages de *Marie-Claire,*
te penchant vers moi, tu m'as dit à l'oreille :
« Tu as vu son profil ? On dirait un Piero ! »

Trudy

Elle est là…

Jambet

Qui ?

Trudy

Halima. Elle est venue pour la fête.
N'oublie pas que Lina est aussi
sa petite-fille à elle.

Fantôme de Halima *(Se penchant d'en haut.)*
Vous l'avez si bien élevée, Madame
si bien traitée, choyée, instruite…
Je vous en saurai toujours gré.

Trudy
Nous l'avons élevée ensemble, ma chère.
Vos conseils m'ont été très précieux…

Jambet
Maman, tu débloques.
(Fella revient.)

Fella
Où est ma fille ?
Je veux voir ma fille !

Scène 16 *(En haut.)*

(Fella bis avec Psy 9 – homme ou femme. À l'hôpital psychiatrique, peu après son accouchement, elle va très mal. Panneau : 1992.*)*

Fella bis

Où est ma fille ? On me l'a enlevée, où est-elle ?
m'aurait-elle tuée en naissant ?
suis-je donc morte, suis-je au paradis ?
où sont alors mes chers parents ?
pourquoi je ne les vois pas ?
où est quelqu'un ? et mon amant ?
Il m'a aimée un peu, beaucoup,
passionnément, puis pas du tout.
Arrachés, les pétales, brisés, les pistils,
piétinées jusqu'à l'oubli, corolles et racines
Forget-me-not ! le myosotis supplie
et entend en réponse : *oublier… qui ?*
les pétales pleuvent et pleurent sur moi
je ne sais pas être en vie
j'ai tué ma mère
il a tué mon père
puis le bourdon bon ami
après m'avoir tant butinée
s'est envolé aussi.

Psy 9

Fella… Écoutez-moi, Fella…
Vous m'entendez ? Vous êtes là ?
C'est à vous, à présent, d'être grande et forte.
Un petit être a besoin de vous.
(Quittant sa chaise, Fella bis *se met à danser son histoire…)*

Fella bis

Sur mes lèvres il a bu
tous mes noms d'ambrosie.
Fella, ô belle fleur jasmine,
vois comme sous mon toucher
tu t'épanouis, mon aubépine !
Donne-moi tes sucs donne-moi tes jus
rose à cœur blanc, atro sanguine,
alysse azur azalées nuances nues
je boirai ta sueur et ta cyprine
œillet superbus, hybride arc-en-ciel
bégonia, chrysantha yellow queen.

Psy 9

Je comprends votre désarroi, mademoiselle,
de vous retrouver seule avec ce nouveau-né.

Fella bis *(Dansant, mimant.)*

Il m'a ouverte, couverte et découverte,
mon homme, mon âme, mon amour,
de ses poésies il m'a badigeonnée
toute la nuit jusqu'au petit jour…
Perfection blanche, blanc de juillet,
némophile perfection noire
Madame Butterfly, paradoxa oiseau bleu

pâquerette herbanera ravenala
adore-moi, prends-moi, prie-moi
suce-moi beauté que je gonfle de vouloir
sapin parasol chamaedora corolle
plante carnivore, prends-moi, dévore,
avale, prends-moi, avale encore
remplis-toi de moi, dionaea, muscipula,
perilla, pétunia et purple pirouette
ô, mouille encore, pervenche,
osteospermum, œillet enfant de Nice
tangerine gem et molucella : dandy blue
la belle, lobelia, tes caresses me rendent fou.

PSY 9

Mademoiselle, de grâce ! il faut vous ressaisir.
Vous êtes en train de glisser vers le délire.
Si vous continuez à ainsi déparler,
je n'aurai d'autre choix que de vous interner.

FELLA BIS *(Dansant, mimant.)*

L'homme souffle en moi, son corps
pousse et mousse en moi encore,
godetia grâce, garce, grâce,
épicéa, pin noir, épine
virginalis ô jamais plus,
précurseur rose giroflée
floraison mai à septembre
aster il s'effondre sur moi je bois
les gouttes qui sourdent de son membre
salées, immortelles, freesia hybride,
fuchsia gaillarde aster scabieuse
j'ai léché ses lèvres mangé ses mots

bu ses paroles et sa salive
gémi ses gémissements aussi
ô little bells, manteau de pourpre
il a glissé en moi, glisse glisse glycine
planté tant de graines
au profond de ma nuit
que je t'aime, belle jasmine
et l'une d'entre elles, ô marjolaine,
a pris enfin racine.

PSY 9 *(L'approchant avec une seringue.)*
Fella, asseyez-vous, calmez-vous, je vous prie.
Je vais vous faire une piqûre. Là... sur le lit...

FELLA BIS *(Dansant de plus belle.)*
C'est ici le paradis où closent et éclosent
les fleurs anagallis sauvage
pink favourite, sultane souci orange king
et puis ton sécateur – sec ! sec ! os secs !
Oh, os ! la mort en nous soudain,
seigneur ! tout de suite : squelette !
berceau cercueil cerceau bercail
et sur nos tombes : des fleurs
lupins, lutins, latifolia
la floraison exfoliation
la filiation affolée affleure
déflorées toutes les filles
la mère est morte je suis la mère
Fella folia folie
elle s'est en allée, la si petite
elle est passée où, ma fille ?
(PSY 9 lui fait une piqûre et elle s'effondre.)

Scène 17 *(En bas.)*

Fella

Pourquoi Lina n'arrive pas ?

Claude

Ce n'était rien qu'un peu de pain
Mais il m'avait chauffé le corps
Et dans mon âme il brûle encore…

Trudy

Oui, amour, c'est une bonne idée
je vais te nourrir, comme ça ce sera fait
je peux prendre un peu de cette salade
de pommes de terre, Lakhdar ?

Lakhdar

Faites comme chez vous, Madame.

Trudy

Pourquoi m'appeler toujours Madame ?
Je te connais depuis ta naissance…
(Trudy s'installe près de Claude, lui met un bavoir, le nourrit à la cuiller.)

Lakhdar

C'est l'habitude simplement, Madame
Mes deux parents vous appelaient ainsi…

Fantôme de Halima *(Surgissant.)*

C'est normal, Madame, ce n'est pas grave,
un *vous* comme le mien : plus chaud qu'un *tu*.

Fella *(À Jamblet.)*

On s'ennuie, reprend ta lecture
Jambet, pour faire passer le temps !
Injecte-nous encore une minidose
de ta belle bile noire.
Lis-nous quelque chose !
Un extrait d'un de tes romans
– il y a l'embarras du choix, n'est-ce pas ?
tu es un auteur prolifique –
où tu racontes mes électrochocs,
mes spasmes et fantasmes,
mes orgasmes intergalactiques !
Combien d'exemplaires vendus, dis-moi,
de ces divagations géniales
méticuleusement transcrites
de mes dossiers à l'hôpital ?
D'un intérêt inattendu, la folie de Fella !

Fantôme de Belkacem *(Surgissant.)*

Ah oui ! *« Heureuses reparties qu'a souvent la folie,
et que la raison et le bon sens ne trouveraient pas
avec autant d'à-propos. »*

Fella

Jaloux tu étais, tas d'os stériles,
de ma fécondité fébrile !
Jamais de la bouche sèche de ta muse
n'avaient jailli d'aussi somptueuses insanités !
Lina est grande, majeure à présent,
elle peut tout entendre, même ces…
extravagances de l'âme.
Enchantez-nous, Grand Écrivain !
Étalez devant nous vos perles !
Allez-y, je vous défie !
Nous sommes toute ouïe.

Jambet

Je ne voudrais pas que Lina entende ça,
ni même à vrai dire qu'elle le lise un jour.

Fella

Tiens, pourquoi donc ?

Jambet

C'est pas la peine…

Fella

Mais si c'est ce qui compte
plus que tout au monde,
pourquoi en priver ta propre fille ?
Elle est trop pure, peut-être ? Allons, allons…
À dix-huit ans (ce chiffre me rappelle quelque chose)
n'est-il pas grand temps qu'un prince cynique
vienne fracasser ses illusions,
rire de ses plus chères idées

et susciter son tendre amour
pour mieux le bafouer ?

JAMBET *(De plus en plus ivre et las.)*
Laisse tomber, Fella,
cesse de me harceler…

FELLA
Ah ? c'est moi qui te harcèle maintenant !

PSY 7 *(Se penchant.)*
Ah ! que j'aime, Fella, voir sortir cette colère !
Quel courage ! Quel toupet ! J'en suis très fière !
Vous êtes l'une des belles réussites de ma carrière.

TRUDY *(À Claude.)*
C'est bon, mon amour ?

CLAUDE *(Chantant à tue-tête)*
Turlu-tu-tu-corne pointu-u-u-ue.

TRUDY *(À Claude.)*
Chapeau, pas *corne* pointue, mon chéri, *chapeau* !
Ne chante pas la bouche pleine,
mon ange, tu vas t'en mettre partout
de cette bonne salade de pommes de terre.

LAKHDAR
Quant au barbecue, il est foutu.
Il est sept heures cinquante-trois,
les braises se sont éteintes.

Jambet
Tu pourrais suivre leur exemple…

Lakhdar
Pardon ?

Jambet
Tu pourrais t'éteindre un peu, toi aussi.

Lakhdar *(L'approchant.)*
Je ne te permets pas…

Jambet *(Se levant, ivre.)*
M'en contrefous
de ce que tu me permets ou non
y en a marre de ta façon
de faire marcher cette maison
comme un contremaître
ou un général de l'armée
« sept heures cinquante-trois », non mais
on bouffera quand on sera prêts.

Lakhdar
Ah oui ? et s'il n'y a plus de braises,
tu les grilleras comment, les côtelettes ?

Jambet
(Renversant sur le sol le grand bol en bois où marinent les côtelettes.)
Tes côtelettes, voilà ce que j'en fais !
(Hurlant, lançant maintenant les verres un par un contre le mur.)

Nous sommes venus là, moi et Fella
Fella et moi, toute la famille
pour fêter tranquillement
les dix-huit ans de notre fille
et tu viens nous bassiner les oreilles
avec tes côtelettes, tes braises,
tes pôles, tes sept heures cinquante-trois
tes Agglo et ton savoir-être…
(Pour terminer en beauté, il fracasse un grand pichet rempli d'eau. LAKHDAR *ôte sa veste et sa cravate, retrousse ses manches. Au niveau supérieur, tout le monde se met à parler en même temps.)*

PSY I *(Se penchant.)*
Ah ! ah ! comme dit le poète, Lakdhar, vite le tambour !
Tapez sur le tambour,
pas sur monsieur Tarvel !

VOIX DE MAC MAHON
Que d'eau ! Que d'eau !

VOIX DE DIEU
Noah ! Va te coucher !

FANTÔME DE BELKACEM *(Se penchant.)*
Ne te bats pas, mon fils, je te l'interdis.
Jambet est votre hôte, c'est votre ami,
où sont passées les valeurs sacrées
qu'au long de ton enfance je t'ai inculquées ?

FANTÔME DE HALIMA *(Paniquée.)*
Mon fils, mon fils, Lakhdar aimé,
tu vas gâcher la belle soirée !

(JAMBET ramasse quelques côtelettes par terre et les balance en direction de LAKHDAR. TRUDY se lève précipitamment, abandonnant CLAUDE, qui se met aussitôt à se badigeonner la figure de pommes de terre en salade.)

CLAUDE *(Chantant.)*
I feel pretty, oh so pretty…
Qu'est-ce qu'on s'amuse !

TRUDY
Pour l'amour de Dieu, Jambet !
Arrête tout de suite de déconner !

VOIX DE DIEU *(Tonnant en araméen sous-titré.)*
J'en ai marre d'être invoqué
à tort et à travers par des athées !

VOIX D'ALLAH *(En arabe sous-titré.)*
Quand on envoie son propre fils au casse-pipe,
il ne faut pas s'attendre à être respecté ensuite.

(TRUDY se précipite sur JAMBET pour essayer de le restreindre, mais glisse dans la marinade et s'étale par terre. Quand elle se relève, sa robe orange est maculée de taches.)

TRUDY
Aïe ! Merde !

Fantôme de Halima

Oh, Madame ! Oh, Madame !
Vous vous êtes fait mal ?

Trudy

(Cassée en deux, à peine capable de marcher.)
Ne t'en fais pas, chère Halima, ce n'est rien,
juste le coccyx qui est fissuré.

Fella

Bravo, les mecs,
vous avez encore réussi
à foutre le boxon.

Lakhdar

(Surgissant derrière Jambet, Lakhdar lui attrape la tête en effectuant une prise de judo professionnelle.)
Je vais te tuer, chien gâleux !
Tu souilles tout ce que tu touches !
Tu as envoyé mon père dans l'autre monde,
bousillé la vie de ma petite sœur…

Fella

Je n'ai pas besoin de toi pour me défendre !

Psy 7

Très juste, Fella, bravo, défendez-vous !

Fantôme de Belkacem

Mon fils, ne commets pas l'irréparable !

PSY 1 *(Poussant PSY 7.)*
Vite, Lakhdar ! Répétez après moi !
(À toute vitesse.)
I'm OK you're OK I'm OK you're OK
I'm OK you're OK I'm OK you're OK

JAMBET *(Se battant lamentablement avec LAKHDAR.)*
Personne, Lakhdar, n'a aimé Fella comme moi.
Tu ferais quoi pour elle ? Moi, autant et plus !
Tu ne sais pas le premier mot de notre amour !
Tu n'étais pas là, tu ne nous as pas vus !

TRUDY *(À LAKHDAR.)*
Ne lui prêtez pas trop attention, Lakhdar,
mon fils va bientôt s'effondrer et se taire.
Ses phases sont prévisibles ; voilà longtemps
qu'il a été diagnostiqué comme bipolaire.

JAMBET
Encore des pôles ! Bas les pattes, maman !
(À LAKHDAR.) Mon amour pour Fella vaut celui
de quarante mille frères de ton espèce.
Elle s'est donnée à moi, cette femme, corps et âme.
Je ne la méritais pas, d'accord : trop vieux déjà,
trop sombre et découragé pour elle…
Mais toi, tu te gares loin des voitures !
Tu te protèges du tragique de la vie
derrière des mots et gestes et pensées rigides !
Tu t'accroches à du vent. Ton costard,
du vent ! Ton boulot,
du vent ! Ton dieu…

Voix d'Allah *(En arabe sous-titré.)*
Pour qui il se prend, celui-là ?

Voix de Dieu *(En araméen sous-titré.)*
Laisse béton, il n'est pas de ton ressort !

Fantôme de Belkacem
C'est un infidèle, il a été éduqué ainsi,
ce n'est pas de sa faute.

Voix de Charles de Gaulle
Je vous ai compris !

Claude
Monsieur le Président,
je vous fais une lettre
Que vous lirez peut-être
Si vous avez le temps…

Fantôme de Halima
D'où vous sortez, vous ? Que faites-vous ici ?
Après tout ce que vous nous avez promis
à nous autres, qui avons défendu votre patrie
aux dépens de la nôtre, eh bien cela suffit !
Après tous les sacrifices qu'on a consentis,
c'est une honte comme la France nous a lâchés
une fois la sale guerre perdue et terminée !
Assassinés là-bas, vomis ici, rejetés de partout,
allez-vous-en, malpropre, *je me fous de vous !*

Fantôme de Belkacem

Halima ! mais… mais depuis quand
te sers-tu de ce genre de langage ?

Fantôme de Halima

Madame Tarvel m'a respectée, voilà ce qui s'est passé.
Et je me suis mise moi aussi à vouloir me respecter.
J'ai vu qu'elle me chérissait, que je la faisais rire tout haut
et j'ai pris peu à peu confiance en mon propre petit cerveau.
(Pleurant.)
Personne d'autre ne m'a jamais dit :
« Ma merveilleuse Halima. »

Fantôme de Belkacem

On aura tout vu. Une musulmane pieuse et vertueuse,
bonne mère, assez bonne ménagère et cuisinière géniale,
qui brusquement s'arroge le droit de tancer le Général !

Lakhdar

Et tes poèmes, c'est pas du vent, peut-être ?

Jambet

Ne viens pas, *toi*, col-blanc maniaco-poltron,
me donner à *moi*, Jambet Tarvel, des leçons !
(Lakhdar relâche Jambet en le poussant loin de lui. Jambet heurte violemment Trudy.)

Trudy

Aïe, merde ! j'ai mal, j'ai mal…
oh la vache, ce que ça fait mal !

Fantôme de Halima

Venez là, Madame,
allongez-vous un peu…

Jambet

(À genoux, ahanant, en proie à une crise d'asthme.)
C'est beau, la vie de famille.

Claude *(Se mettant au diapason.)*

Emportés par la foule qui nous traîne
nous entraîne,
Écrasés l'un contre l'autre
nous ne formons qu'un seul corps
Et le flot sans effort
Nous pousse, enchaînés l'un et l'autre.

Lakhdar

(S'égosillant toujours, au bord de la crise d'hystérie.)
Pendant que tu versifiais à New York,
ma sœur a connu l'enfer sur terre…

(Tout le monde se fige.
Noir.)

Scène 18 *(En haut.)*

(Fella bis à l'hôpital psychiatrique. Scène en deux parties.)

(Panneau : 1993. *Musique sinistre. Dans une lumière irréelle, stroboscopique, elle subit des électrochocs. Traversé par l'électricité, son corps se fige dans des arcs de douleur, des positions atroces, invraisemblables. Noir.)*

(Panneau : 1996. *Fella bis lit à voix haute, pour elle-même, une lettre.)*

Fella bis

« Ici c'est le printemps. Temps doux et brumeux et pluvieux et merveilleux. Même la pluie a une odeur de printemps. Et tant de travail ! Les ravages de l'hiver soudain apparents dans le jardin. Des azalées qui n'ont pas survécu au froid. Des clématites que je n'aurais jamais dû couper (me dit-on, maintenant qu'il est sans doute trop tard) et qui sortent à peine le nez du paillis. Des roses qu'il faut élaguer, toutes branchues et dilapidées parce que je ne m'en suis pas occupée à l'automne. En plus, la tempête de verglas de janvier a abattu, çà et là, pas mal d'arbres et de grosses branches.

Mais, hier, un homme est venu m'aider à nettoyer, j'ai bien regardé le tout et me suis rappelé les mots de Camus sur l'ouverture d'un nouvel horizon : "La mort d'un être aimé nettoie l'air, expose tout un terrain qu'on n'avait pas vu avant, creuse une voie, pleine de tristesse mais aussi d'espérance, vers un nouveau paysage." *Je t'aime tellement, Fella. Tu sortiras cet été ? Trudy.* »

*(*FELLA BIS *fond en larmes.)*

Scène 19 *(En bas.)*

(Entre Lina*, avec une guitare.)*

Lina

Ça va ?

(Les autres, hagards, se regardent. Honteux, en silence, ils mettent de l'ordre dans la pièce, ramassent les tessons de verre et les côtelettes… Puis Fella *va jusqu'à* Lina *pour l'embrasser.)*

Fella

Bon anniversaire, ma chérie.

(Tétanisée, un sourire glacial aux lèvres, Lina *fait le tour de la pièce pour saluer d'une double bise les uns et les autres.* Jambet*, toujours ivre et à court de souffle, la serre fort contre lui, mais elle se dégage de son étreinte en faisant une pirouette.)*

Trudy *(Se dirigeant en boitant vers le réfrigérateur.)*
Je vais chercher le champagne.

Lakhdar
Il n'y a plus de flûtes.

Trudy
Qu'à cela ne tienne, on a d'autres verres…

Lina
Tu as mal, mamie ? On dirait que tu boites.

Trudy
C'est rien, ma chérie.
Rien du tout, à côté de ma crise cardiaque.
Ouah, ça, c'était quelque chose !

(Les verres sont distribués, le champagne est versé, les verres sont levés…)

Tous *(Chacun chantant comme il peut.)*
Joyeux anniversaire,
joyeux anniversaire,
joyeux anniversaire, Lina
joyeux anniversaire…

Claude *(Enchaînant avec Piaf.)*
Oui la vie c'est l'amour
Et l'amour c'est la vie
Pas de vie sans l'amour
Pas d'amour sans la vie

Jambet *(À Trudy.)*
Ah, celui-là ! On ne pourrait pas le bâillonner ?
(À Lina.) Tu vas nous jouer quelque chose, beauté ?

Lina *(Voix tremblante.)*
En fait on avait… préparé un petit spectacle maman et moi, mais je ne sais pas…

Trudy
Mais quelle merveilleuse surprise !

Lakhdar
Je ne pense pas que les circonstances s'y prêtent.

Jambet
Les circonstances s'y prêteront,
ça se plie, ça se ploie,
ce n'est pas comme toi :
ça se montre flexible,
une circonstance.

Trudy *(Toujours percluse de douleur.)*
Venez tout le monde, venez !
On s'installe pour le spectacle.
Fella va danser ! Tu es prête, Fella ?

Fella
C'est un spectacle mère-fille.
Ça s'appelle *Allégorie Algérie.*
C'est moi qui ai écrit le texte.
Lina le dit en m'accompagnant.
C'est encore à l'état d'ébauche.

Jambet
Débauchez-nous donc.

TRUDY

Allégorie Algérie.
Mais c'est merveilleux,
c'est extraordinaire.

(Pendant que LINA *accorde sa guitare,* FELLA *se retire dans un coin de la pièce pour se préparer à danser. Elle lisse ses cheveux et ses vêtements, fait quelques étirements...* TRUDY *rapproche le fauteuil roulant de* CLAUDE*, les autres s'installent en demi-cercle autour de lui. Silence.*
Puis, tandis que LINA *joue en déclamant le texte de sa mère – avec un certain nombre de fautes en raison de sa nervosité –* FELLA *vient au centre de la scène et se met à danser.)*

LINA

une femme tombée, une tombe de femme,
tombées les femmes, à jamais tombées
on m'a arraché ma fille mort-née
elle ne méritait pas de vivre
enfant d'un viol, viol de ma mère
en Algérie pendant la guerre
rouges les fruits des grenadiers
les grenades explosent le rouge giclé
*(*FELLA *danse toujours ;* LINA *joue à la guitare un long riff solo, puis poursuit.)*
si légère pourtant, si légère en naissant
elle a tué sa mère, rouge de sang
écarlate de naissance et de mort
(Soudain FELLA *se met à ramper par terre, à se tordre et à se débattre, son corps se soulève et se jette dans tous les sens, parcouru de soubresauts...* LAKHDAR *baisse la tête et se met une main sur le front pour ne pas la voir.)*

les mannequins défilent indéfiniment
elles sont belles les femmes
femmes si belles
roulent les hanches
roulent les yeux
roule la tête
les soldats défilent indéfiniment
ils sont forts les hommes
hommes si forts
brûlent les villages
pillent, massacrent
charcutent, torturent…

JAMBET *(À TRUDY, en aparté.)*
Ça se voit qu'elle va mieux, Fella,
Ah ! ça, elle est vraiment guérie.

LINA
… décharges électriques
hôpital psychiatrique
décharges de semence
les femmes se laissent faire
pour ne pas être assassinées
et puis c'est la démence
les hommes braquent sur nous
leurs armes, leur sexe
en nous gicle leur mitraille
explosions dévastatrices
fécondées par la haine
nous mettons au monde
des bombes à retardement.

(Lina cesse de jouer et Fella se relève. Dans le public, c'est la consternation générale ; Claude est le seul à applaudir.)

Claude

Bravo ! Bravo ! Bravo ! Bravo !

Fella *(Essoufflée, contente d'elle.)*

Merci, tonton.

Lakhdar

Tu joues très bien, Lina.

Lina *(Rougissant de plaisir.)*

Merci, tonton.

Trudy

Il fait faim, non ?

Lakhdar

La bouffe est dans la poubelle.

Trudy

Mais j'ai fait un gâteau au chocolat…
Si je l'apportais le gâteau…

Jambet

Au *chocolat* ? Ah bon !
Voilà qui devrait résoudre à peu près
tous les problèmes du monde.

(Trudy va pour chercher le gâteau… Noir.)

SCÈNE 20 *(En haut.)*

(La plateforme est dans la pénombre, d'abord on ne voit rien. Ensuite peu à peu on distingue, allongée sur le divan, LINA BIS *et* PSY *10 – un homme – installé près d'elle avec son calepin.)*

PSY 10

Je vous écoute…

*(***Noir** *de* **Fin***.)*

Note de l'autrice :
Les citations en italique proviennent soit de *Limbes / Limbo. Hommage à Samuel Beckett* (Actes Sud/Leméac, 2000), soit de *Hamlet*, de William Shakespeare.

Du même auteur

Théâtre

Angela et Marina (en collaboration avec Valérie Grail), Actes Sud-Papiers/Leméac, 2002
Une adoration, Leméac, 2006
Mascarade (avec Sacha Huston), Actes Sud Junior, 2008
Jocaste reine, Actes Sud/Leméac, 2009
Klatch avant le ciel, Actes Sud-Papiers/Leméac, 2011

Romans, récits, nouvelles

Les Variations Goldberg, Seuil, 1981 ; Actes Sud
Histoire d'Omaya, Seuil, 1985 ; Actes Sud
Trois fois septembre, Seuil, 1989 ; Actes Sud
Cantique des plaines, Actes Sud/Leméac, 1993
La Virevolte, Actes Sud/Leméac, 1994
Instruments des ténèbres, Actes Sud/Leméac, 1996
L'Empreinte de l'ange, Actes Sud/Leméac, 1998
Prodige, Actes Sud/Leméac, 1999
Dolce agonia, Actes Sud/Leméac, 2001
Une adoration, Actes Sud/Leméac, 2003
Lignes de faille, Actes Sud/Leméac, 2006
Infrarouge, Actes Sud/Leméac, 2010
Danse noire, Actes Sud/Leméac, 2013
Bad Girl. Classes de littérature, Actes Sud/Leméac, 2014
Le Club des miracles relatifs, Actes Sud/Leméac, 2016
Sensations fortes, Actes Sud/Leméac, 2017
Lèvres de pierre, Actes Sud/Leméac, 2018
Rien d'autre que cette félicité, Leméac/Éditions Parole, 2019
Arbre de l'oubli, Actes Sud/Leméac, 2021

Essais

Jouer au papa et à l'amant, Ramsay, 1979

Dire et interdire. Éléments de jurologie, Payot & Rivages, 1980 – prix du Docteur-Binet-Sanglé de l'Académie française en 1981

Mosaïque de la pornographie, Denoël, 1982 ; Payot, 2004

Journal de la création, Seuil, 1990

Tombeau de Romain Gary, Actes Sud/Leméac, 1995

Désirs et Réalités. Textes choisis 1978-1994, Actes Sud/Leméac, 1995

Nord perdu suivi de *Douze France*, Actes Sud/Leméac, 1999

Limbes / Limbo. Hommage à Samuel Beckett, Actes Sud/Leméac, 2000

Professeurs de désespoir, Actes Sud/Leméac, 2004

Âmes et Corps. Textes choisis 1981-2003, Actes Sud/Leméac, 2004

Passions d'Annie Leclerc, Actes Sud/Leméac, 2007

L'Espèce fabulatrice, Actes Sud/Leméac, 2008

Reflets dans un œil d'homme, Actes Sud/Leméac, 2012

Carnets de l'incarnation Actes Sud, 2016

Sois fort suivi de *Sois belle*, Parole, 2016

Reine du réel. Lettre à Grisélidis Réal, Nil, 2022.

Achevé d'imprimer en mai 2023
par Typo'Libris
à Saint-Brieuc (Côtes-d'Armor)
sur papier Fedrigoni et Cordier
pour le compte des éditions Æthalidès
76, rue Ney – 69006 Lyon

Composition couverture : Ludo Heurtaut.

DÉPOT LÉGAL : SEPTEMBRE 2023
N° D'IMPRIMEUR : 23040045
IMPRIMÉ DANS L'UNION EUROPÉENNE